3日間で完成！

共通テスト国語で確実に7割とる方法

都立高校国語教師／作家
長尾誠夫

彩図社

はじめに

本書を手にした多くの人は、こう思っているだろう。

「なんでうちらの代から共通テストになっちゃうの？　センター試験のままでよかったじゃん」と。

でも、今さらそんなことを言っても仕方がないので、現状に納得してもらうためにも、共通テストに変わった理由を簡単に説明しておこう。

要は、**２０２２年から実施される新学習指導要領を先取りする形で、入試改革が始まった**ということだ。

新学習指導要領では三つの実践目標を掲げ、その一つである「思考力、判断力、表現力等を育成する」ために「テクスト（情報）を理解したり、文章や発話により表現するための力として、情報を多面的・多角的に精査し構造化する力」を求めている。国語の問題に資料がついていたり、複数のテキストから出題されたりするのは、そのためなんだね。

入試改革の背景には、２００３年に実施されたＰＩＳＡ（国際的学習到達度調査）において、日本の「読解力」がかなり低かったことも大きく影響している。これから日本がグローバル社会で生き残っていくためには、深い「読解力」や「情報処理能力」が必要だということになったわけだ。

「え～、そんなの面倒くさいよ！」なんて言わないで、みんなの能力を高めようという改革だから、この流れに乗ってみるのはいいと思うよ。

そんなわけで、共通テストの国語についてだ。

みんなは今、受験勉強に励んでいると思うが、内心では大きな不安と疑問を抱いているだろう。「平均点が60点から50点になるというから、難しくなるんだろうな」「新傾向の問題をどうやって解けばいいいんだろう」「古文・漢文はどうするの?」とかね。

そこで先生に聞いてみると、「現代文はとにかく模擬問題を解きなさい」「古文・漢文はセンター試験とあまり変わらないから、単語と文法を覚えて、問題演習をしなさい」などと言われるはずだ。

そこで、君たちは単語帳や文法書を丸暗記しようとしたり、現代文の問題を解いてみて「二択まではしぼれるけど、最後で外すんだよな」などと残念がったりするだろう。

しかし、これらの勉強法は二つの点において間違っている。

①古文や漢文の文法書を丸暗記しようとしても絶対にできないし、その必要もない。
②現代文の問題を勘で解いても読解力は身につかない。

ということだ。「え〜!?」と思った君に、詳しく説明しよう。

まず、①「古文や漢文の文法書を丸暗記しようとしても絶対にできないし、その必要もない」について。

学校で渡されたり、市販されている古文・漢文の文法書は、受験に必要な内容がすべて網羅されているので、完璧に覚えれば満点を取ることも無理ではない。

しかし、多くの受験生にとってそれは不可能だろうし（現に私もすべて覚えているわけではない）、仮に覚えていたとしても、完璧に使いこなすことはできない。その結果、どういうことが起きているのか。次の図を見てほしい。

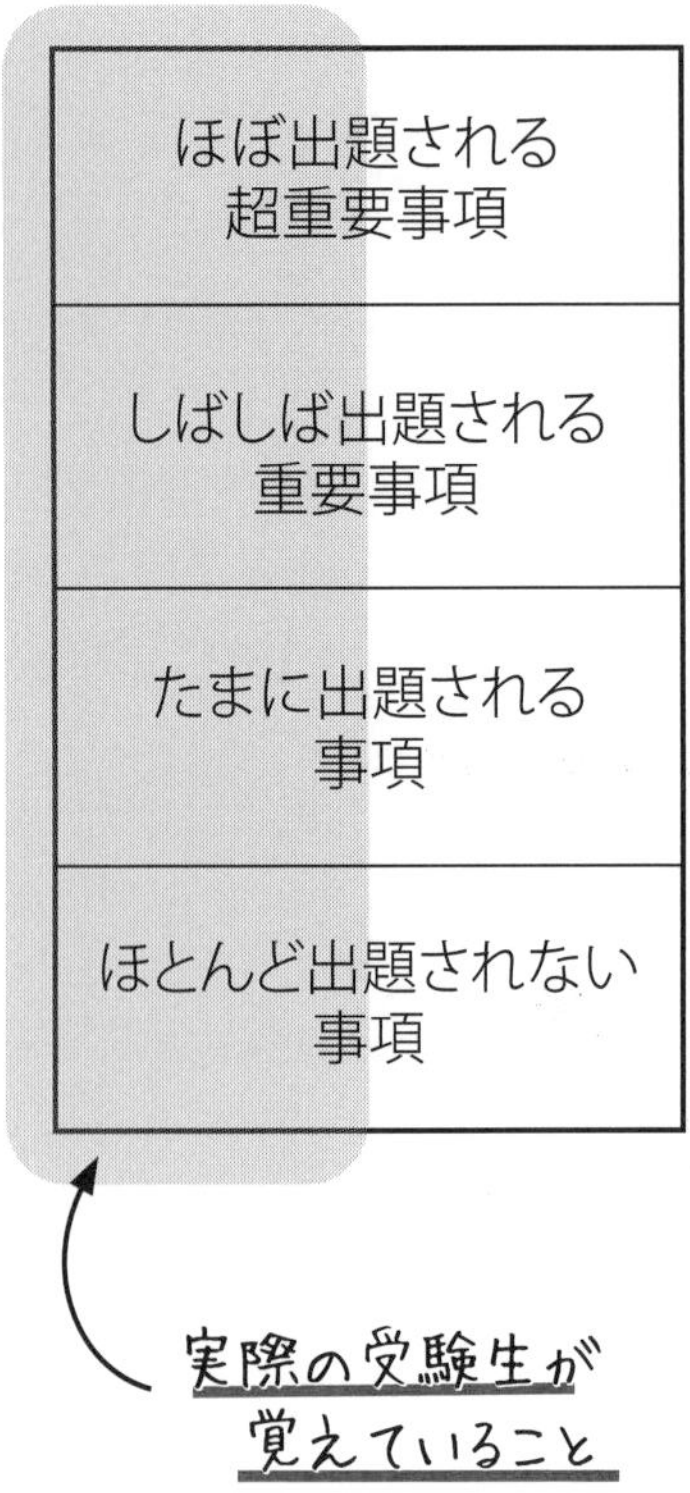

このように、**本当に覚えておかねばならない頻出事項を覚えきれずに、あまり出題されない事項まで覚えてしまうのだ。これでは望む点数を取ることはできない。**

そこで、本書は次のようなスタンスを取ることにする。

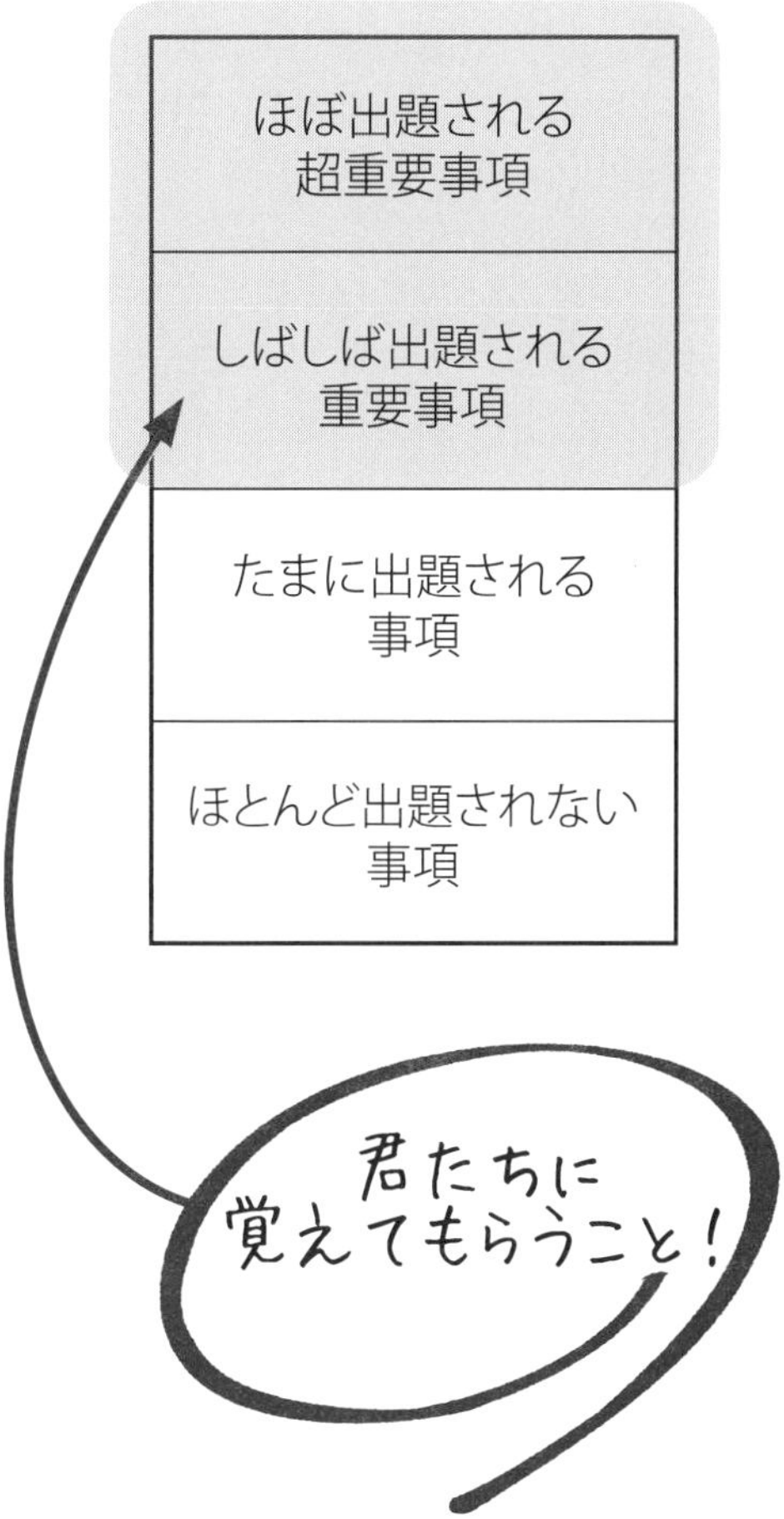

つまり、**必要最小限のことのみを覚えてもらう**ということだ。

本書のタイトルを見て「本当に3日間で7割取れるの？」と驚いた人も多いと思うが、必要最小限のことを覚えるだけなので、3日もあれば十分なのだ。

もちろん、9割近く取る必要のある医学部や旧帝大を目指すのなら、それではいけない。高得点を目指して、すべてを完璧に覚えてほしい。しかし、二番手の国公立やGMARCHを狙っている人には、最小限の知識で7割は狙えると断言しておこう。

よく考えてほしい。古文・漢文を一生懸命勉強しても、大方の受験生は平均点（25点）前後しか取れない。何もしなくても10点台は取れるだろうから、勉強の効果は10点強に過ぎない。**それだけのために膨大な時間をかけるより、最初から上限7割と割り切って勉強した方が、はるかに効率的なのだ。**

続いて、②「現代文の問題を勘で解いても読解力は身につかない」について。

評論や小説（共通テストでは「論理的な文章」と「文学的な文章」）で高得点を狙うには、模擬問題を解いて問題慣れをしなくてはならない。その際、解法の学習をしないまま問題を解いても実力はつかない。現に、君たちの多くは、模試の度に得点が大きく上下しているのではないだろうか。それは解法に従って解いているのではなく、勘に頼っているからだ。

では、現代文の解法とはどのようなものか。市販の参考書をみると、やけに難しいことが書いてあり、理解するのが難しいものも多い。それを応用するのはなおさらだろう。**長い文章を短時間で解か**

ねばならない共通テストにおいて、難しい解法は役に立たない。それよりも誰にでも簡単に理解でき、応用の利くコツの方がいい。

実際、本書にまとめた解法はさして難しくない。1時間もあれば十分にマスターできるものだ。それを理解すれば、後はなるべく多くの問題を解いて、自分の力で読解力をアップさせればいい。

つまり、**本書は共通テスト（国語）における最低限の知識をまとめたものであり、最小限の労力でいかに高得点を取るかを狙ったもの**なのだ。

以上のことを理解したら、3日間のレッスンに入ってみよう。

3日間で完成！

共通テスト国語で確実に7割とる方法　もくじ

2日目

古文編

3日目

漢文編

1日目

現代文編

共通テストから新たに出題される
「新傾向の問題」の出題方針を知り、
解き方を身につけよう！

60分で学ぶ「論理的な文章」読解の極意

一、どんな問題が出るのか？

文部科学省は共通テストを実施するに当たって、三回の試行調査を実施している。順に、モデル問題（平成29年）、第一回プレテスト（平成29年）、第二回プレテスト（平成30年）だ。この試行調査において、現代文（論理的な文章）では次のような問題が出題された。

●モデル問題

短歌に関する二つの解説文（短歌評論）。語句の意味が一問（解答数3）、空欄補充問題一問（解答数2）、内容読解二問、会話文による問題一問（解答数3）、計五問。

●第一回プレテスト

「路地がまちの記憶をつなぐ」という評論（図表が三つ、写真が四枚）。漢字なし。語句の説明が二問、内容読解三問、計五問。（P35以降に全文を掲載し、一部の問題に解説を加えてある）

●第二回プレテスト

『著作権2・0　ウェブ時代の文化発展をめざして』という評論。やや実用的な要素が強い（ポスターの文章、法律の条文、図表が三つ）。漢字一問（解答数5）、内容読解三問、表現を問う問題一問、空欄補充一問、計六問。（P66以降に全文を掲載し、問題の解説を加えてある）

過去三回の試行調査に共通しているのは、センター試験のように単独の文章からではなく、**複数の文章や様々な資料から出題される**ということだ。

また、文科省が出した共通テストの方針には、近代以降の文章に関して「論理的な文章、文学的な文章、実用的な文章」と明示され、「評論」や「小説」という語は使われていない。しかも、記述形式の問題が見送りになったにもかかわらず、「実用的な文章」という文言が残されているのは、大問1の「論理的な文章」の中に、実用的な文章を含む可能性を示している。

以上から、大問1の問題文は評論だが、実用性の高い文章が使われ、資料（図表や条文、会話文等の短い文章）がつくと思われる（ただし、プレテストの資料は多すぎたという反省から、少し減らす予定だという）。

二、予測される設問パターン

三回の試行調査を分析すると、センター試験とほぼ同じ形式の設問が約半分、残りが新しいタイプの設問になっている。それぞれについて説明しよう。

★センター試験とほぼ同じ設問（センター型設問）

センター試験と同じように、読解力を問う設問が中心。資料を使う場合もあるが、基本は本文の内容が理解できれば解くことができる。このような設問が二〜三問。うち一問は表現や構成を問う設問になっている。

★新傾向の設問

設問のうち半分が新傾向になっている。図表から読み取った情報と本文を組み合わせて解く問題や、図表を対比する問題、本文の内容から「推論」する問題等である。

複数の文章や資料を読み取るだけではなく、**情報を的確に捉え、取捨選択する力が必要**とされる。

慣れないと難しいので、練習を積んでおく必要があるだろう。

まとめると、共通テストの大問１は次のようになると思われる。

Point

- **問題文は評論だが、実用性の高い文章に資料（図表や会話文等の短い文章）がつく**
- **漢字一問（解答数３～５）**
- **設問は五つ（センター型設問と新傾向の設問が半分ずつ）**
- **資料はプレテストよりも少し減る予定**

では、「センター型の設問」と「新傾向の設問」についてそれぞれ説明しよう。

「センター型設問」の解き方

一、論理的な文章（評論）の表現法を理解しよう！

センター型の設問は読解力を問うているので、内容を理解できれば解くことができる。論理的な文章（評論）の読み方は前著『３日間で完成！ センター国語で確実に８割とる方法』（２０１８年、彩図社）にまとめてあるので、以下に再掲する。

筆者は自分の意見を読者に伝えるために、様々な表現法を使う。代表的なものが次の四つだ。

●**具体例**――筆者の意見を、具体例を使ってわかりやすく説明する方法
●**引用**――他の人の文章等を引用して、筆者の意見を裏付けたり補強する方法
●**対比**――他のものと比較することで、筆者の意見をよりわかりやすく表現する方法

●言い換え――理解しづらい抽象的表現を、わかりやすい表現に置き換える方法

では、プレテストやセンター試験の過去問から、それぞれの例を紹介しよう。

●具体例

近代建築がめざしてきたのは明るい空間の実現であった。ピロティ、連続窓、ガラスの壁、陸屋根は、近代建築が明るい空間を実現するために開発した装置である。人工照明の発達がそれに拍車をかける。明るい空間が実現するにつれ、視覚を中心にした身体感覚の制度化がすすんだ。（２００８年度本試）

↓傍線部は直前の抽象部分「近代建築がめざしてきたのは明るい空間の実現であった」の具体例になっている。ただし、実用性の高い文章は具体例の方が重要な場合もあるので、注意しよう。例えば、こんな文章だ。

著作物は、多様な姿、形をしている。繰り返せば、テキストに限っても――そして保護期間について眼をつむれば――それは神話、叙事詩、叙情詩、法典、教典、小説、哲学書、歴史書、新聞記事、理工系論文に及ぶ。（第二回プレテスト）

↓この文章は著作物の説明をしているので、傍線部の具体例は「著作物は多様な形をしている」という抽象部分より重要である。

●引用

日本の庭の多くは、作られた瞬間に、歳月による自然の変化に委ねられ、その結果庭は日々に成熟を加えて行く。言わばそれは、芭蕉の言葉にあるように、「造化にしたがひ、造化にかへる」(『笈《おい》の小文』)ことを理想としている。(2007年度本試)

↓日本の庭がやがては自然の変化に委ねられ、自然に帰るという筆者の意見を、「造化にしたがひ、造化にかへる」と芭蕉の言葉を用いて補強している。引用は原則として、筆者の意見の裏付けや補強に使われる。

●対比

訪れた都市の内部に触れたと感じるのは、まちの路地に触れたときである。そこには香りがあって、固有で特殊でありながら、かつどこかで体験したことのある記憶がよぎる。西欧の路地は建物と建物のすきまで、さまざまなはみ出しものがなく管理されている。路地と内部空間との結びつきは窓とドアにより単純である。日本の路地は敷地と敷地の間にあり、また建物と建物の間にあり、建物には出窓あり、掃き出し窓あり、縁あり庇《ひさし》あり、塀あり等、多様で複雑である。敷地の中にも建物の中にも路地（土間）はあった。
（第一回プレテスト）

↓「西欧の路地」と「日本の路地」が対比されていることがわかる。ここで大切なのは、単に対比を見つけるのではなく、どちらについて述べようとしているのかを捉えることだ。ここでは「日本の路地」の特色を説明するために「西欧の路地」と対比している。

ちなみに、日本と西欧、近代と近代以前の対比は頻出だ。

●言い換え

現在の日本では、とくに若い世代では、どれほど正しく見える意見であろうと、別の観点から捉え直された途端に、その正当性がたちまち揺らいでしまいかねないような価値観の多元化が進んでいます。①自己評価においてだけでなく、対人関係においても、一貫した指針を与えてくれる物差しを失っています。②現在の人間関係では、ある場面において価値を認められても、その評価はその場面だけで通じるものでしかなく、別の場面に移った途端に否定されるか、あるいは無意味化されてしまうことが多くなっています。③人びとのあいだで価値の物差しが共有されなくなり、その個人差が大きくなっているために、たとえ同じ人間関係のなかにいても、その時々の状況ごとに、平たくいえばその場の気分しだいで、評価が大きく変動するようになっているのです。（２０１６年度本試）

↓「価値観の多元化が進んでいます」という表現が抽象的でわかりづらいので、筆者は①で「一貫した指針を与えてくれる物差しを失って」いると言い換えて説明し、さらに、②「価値は特定の場面でしか通じない」③「価値の物差しが共有されない」とつけ加えている。難しい表現の前後には、それを言い換えてわかりやすく説明している場合が多い。

二、筆者の主張を簡単に読み解く方法

文章の理解とは、筆者が何を言いたいのかを読み取ることだ。筆者の言いたいことは大体決まったところに書いてあるので、その部分を見つければ、筆者の主張を読み取ることができる。その重要部分を見つける法則を説明しよう。

「筆者が言いたい部分」を見つける十か条

1・逆接の後に言いたい部分がある（**逆接ポイント**）
2・打消しの後に言いたい部分がある（**打消ポイント**）
3・筆者の気持ち（主観や価値判断）が入った部分は重要（**気持ちポイント**）
4・疑問の答えは重要（**答えポイント**）
5・何度も繰り返していることは筆者の言いたいこと（**繰り返しポイント**）
6・句点（。）に続く「つまり・すなわち・要するに」や、「このように・以上のことから」などの後は重要（**まとめポイント**）
7・具体例の前後に言いたいことが書いてある
8・抽象的表現の近くにある言い換えの部分は重要（**言い換えポイント**）

9・テーマは文章全体の最後に書いてあることが多い（最初のこともある）
10・指示語「この、その、これ、それ」などを理解すると、文章がより深く理解できる
（＊これ以外にも文脈上、重要な箇所があるので注意してほしい）

それぞれについて説明しよう。（7・8についてはP21～23で説明してあるので省略する）

1・逆接の後に言いたい部分がある（逆接ポイント）

例文1

カメラのレンズは人間の眼《め》によって覗《のぞ》かれ、自由に操作されるかぎり、両者は同等に機能し、人間の眼のかわりをカメラのレンズが果たしていると思われがちだが（**逆接ポイント**）、事実はきびしく相反する関係にあっただろう。（2005年本試）

↓カメラは人間の眼のかわりを果たしているという一般論を逆接で打消し、筆者の主張を述べている。評論の典型的な構造だ。

接続助詞「が」には前置きの用法もあるが、その場合においても「が」の後がポイントになる。

例文2

もちろん実証的な観点から、そういうアプローチに対する批判もある。事実の連鎖は物語的な整合性やドラマツルギー（編集注：作劇法）とは必ずしも合致しないからです。しかし（**逆接ポイント**）それでも「歴史」を「物語」的に綴《つづ》る／読むことはできてしまう。（2015年本試）

↓「もちろん」に続いて相手の主張をいったん認めてから、逆接を使って自分の考えを述べている。こういった表現を**譲歩構文**というので覚えておこう。冒頭にくる語は「もちろん」以外にも「たしかに」「むろん」「もっとも」「なるほど」「一般的には」などがある。

2・打消しの後に言いたい部分がある（打消ポイント）

例文

奥は純粋に空間的な意味での奥行ではなく（**打消ポイント**）、目的へ向かうプロセスの演出によって私たちの心のなかに生じる心理的な距離感覚であり、時間感覚である。（2008年本試）

↓前の部分にある「空間的」を打ち消すことによって、下の部分にある「心理的」を強調している。この打消ポイントも頻出するから覚えておこう。

ちなみに**「逆接＋打消」**のコンボもよく出てくる。次のような文章だ。

「しかし、私が言いたいのは政治についてではなく、社会のあり方についてだ」

３・筆者の気持ち（主観や価値判断）が入った部分は重要（気持ちポイント）

例文

ニホンカモシカの保存、森の環境の保全、水の確保といったことが、私たちの社会を成り立たせていく上で不可欠の「財物」であると考えるなら、私たちの社会は、それらを持続して生産（保全）する主体、すなわち森に生きる人々の生活・生産の仕組みそのものをこそ**（気持ちポイント）**、保ち続けなければならない**（気持ちポイント）**のである。（1999年本試）

↓「こそ」という強調表現や「〜ねばならない」という言葉には、筆者の気持ち（主観や価値判断）が入っているので、筆者の言いたい部分になる。

この気持ちポイントには左にまとめた以外にも多様な表現があるから、注意して読もう。

気持ちポイントになる言葉

【文末】

「〜ねばならない」「〜すべきだ」「〜する必要がある」「〜がいい」「〜は面白い」「〜は大切だ」
「〜は当然だ」「〜は重要だ」「〜してほしい」「〜は正しい」「〜はよくない」「〜は間違っている」
「〜してはいけない」「〜してみたい」「〜ではないだろうか」等の疑問・反語表現　など

【文頭】

「言いたいのは〜」「大切なのは〜」「重要なのは〜」「注意してほしいのは〜」
「考えてほしいのは〜」「実は〜」「本当は〜」　など

【文中】

「〜こそ……」「絶対に〜」「〜とは……だ」　など

4・疑問の答えは重要（答えポイント）

例文

この寺（編集注：龍安寺）に住まい、朝夕この庭と対している住持の立場に立てばどうなのか（**疑問**）。このような、つねに人に非常の時間を持することを強い、日常の時間に解放することのない緊張した空間に堪えるには、人は眼《め》を眠らせるより仕方がない。それは毎日それと共にあるには、あまりに息づまるよ

うな、窮屈きわまる庭なのである（**答え＝筆者の言いたい部分**）。（２００７年本試）
↓筆者は疑問文を使って問題提起を行い、それについて詳しく述べた後に、答えによって自分の主張を述べている。（ただし、本番では答えを探している時間はないので、評論の構成はこうなっているという知識として覚えておいてほしい）

５・何度も繰り返していることは筆者の言いたいこと（繰り返しポイント）

例文

日本では作庭をも含めて、ことに中世期にその理念を確立したもろもろの芸術――たとえば茶や生花や連歌・俳諧《はいかい》など――においては、永遠不変の造型を願わないばかりか、一瞬の生命の示現を果たしたあとは、むしろ消え去ることを志向している。（中略）私はそれら日本の芸術家たちに、自分の作品を永遠に残そうという願いが、本当にあったかどうかを疑う。（中略）造型意志が極端に弱いのが、日本の芸術である。日本における美の使徒たちに、そのような意志が微弱にしか育たなかったのは、やはり日本人が堅固な石の家にでなく、壊れやすく朽ちやすく燃えやすい木の家に住んでいることに由来しているかも知れない。彼等は自分たちの生のあかしとしての造型物を、後世に残そうなどとは心がけなかった。（２００７年本試）

↓筆者は、日本の芸術家に造型意志が弱いことを何度も繰り返して述べている。このような繰り返しの部分は、筆者の言いたいことである。

繰り返しポイント

6・句点（。）に続く「つまり・すなわち・要するに」や、「このように・以上のことから」などの後は重要（まとめポイント）

例文

A　音楽が紙に書き記されるようになって以来、作曲という創作行為をも含めた意味で、音楽は「筆記」に依存するようになったのである。そして、筆記によって、作曲家は、音楽の細部から全体構造までにわたって入念な制御を行って、ひとつのまとまりのある音楽作品を仕上げることができる。恐らく、筆記に頼らずとも、完結性のある客体的な存在をもつ音楽作品を実現することは不可能ではないだろうが、筆記によってそれははるかに容易に行われ得るようになる。つまり（**まとめポイント**）、近代西洋音楽に広く行き渡っている作品概念は、音楽の筆記的本性によって促進されたものだ、とも言えるわけである。（2000年本試）

B　われわれの眼がものを見ているとき、すでにそこにある現実、さまざまな事物や出来事を個別的に見ているのではなく、それらが連続する総体としての世界を見ているのである。従って人間の視線は一瞬たりとも運動を停止し、非連続の状態にとどまることはできない。一点に眼をこらし、見つめているようではあっても、それは次の瞬間に新たなる運動を起こすための一時的な、かりそめの休止符にすぎない。
たしかに一枚の絵の前にたたずみ、じっと見入っていることがある。だがそのとき、われわれの眼は果たしてなにを見ているというのだろうか。おそらくなにかを見ているという意識はなく、絵の空間の拡がり、タブローの表面にただ視線を滑らせ、行きつもどりつしながら反復を繰り返しているのである。（中略）
このように（**まとめポイント**）人間の生きた眼差《まなざ》しはこの世界の表面を軽やかに滑り、たえず運動をつづけており、なにかに見入ることによる視線の停止、非連続はあるかなきかの一瞬にすぎず、それが意識された瞬間には視線はすでに新たな運動を始めているのである。（2005年本試）

↓A・Bともに、それまで述べた内容を「つまり」「このように」以降でまとめている。特に、「このように」「以上のことから」等の幅広い部分を要約する言葉は重要度が高い。

ただし、文中にあって句点に続かない「つまり・すなわち」は、まとめというより、言い換えの場合が多い。

（７・８は省略）

９・テーマは文章全体の最後に書いてあることが多い（最初のこともある）

↓これは常識レベルで知っているだろう。小学校の「こくご」の頃から何度も言われてきたことだ。全体のテーマだけではなく、**各段落においても重要な部分は最初か最後にある場合が多い**。各段落の基本構成は「**抽象↓具体↓抽象**」となっているので、「抽象」の部分が言いたいことになる。

ただし、実用性の高い文章では、この通りにならないこともあるので、注意しよう。

10・指示語「この、その、これ、それ」などを理解すると、文章がより深く理解できる

↓「この、その、これ、それ」の指示内容は、**ほぼ手前３行以内にあることが多い**。指示語の理解は大きな得点源になるので、演習で詳しく説明しよう。

Point

どんな文章にも必ず「主張を見つけるポイント」がある！

これで読解のコツは終了だ。では、次のページから実際の問題を解いてみよう。
第一回プレテストからセンター型の設問を紹介するので、まずは問題文の前半部分を読んでほしい。

練習問題

※解説の都合上、問題文をA〜Dの4つに分割し、それぞれの冒頭にアルファベットを振ってある。問題番号は引用元のままとする。

例題

近代空間システムと路地空間システム

A訪れた都市の内部に触れたと感じるのは、まちの路地に触れたときである。そこには香りがあって、固有で特殊でありながら、かつどこかで体験したことのある記憶がよぎる。西欧の路地は建物と建物のすきまで、さまざまなはみ出しものがなく管理されている。路地と内部空間との結びつきは窓とドアにより単純である。日本の路地は敷地と敷地の間にあり、また建物と建物の間にあり、建物には出窓あり、掃き出し窓あり、縁あり庇《ひさし》あり、塀あり等、多様で複雑である。敷地の中にも建物の中にも路地（土間）はあった。日本の路地空間には西欧の路地にはない自然性がある。物質としての自然、形成過程としての自然、の2つである。日本の坪庭（注1）を考えてみよう。やはり建物（4つの）に囲まれた坪庭の特徴はそこが砂や石や土と緑の自然の空間である。さらにその閉じた自然は床下を通って建物外部にもつながっている。日本の路地にも、坪庭のように全面的ではないが自然性が継承されている。また路地空間の特徴は、ある数戸が集まった居住建築の中で軒や縁や緑の重なった通行空間であることである。そこは通行空間であるが居住

	近代道路空間計画システム	路地空間システム(近代以前空間システム)
主体	クルマ・交通	人間・生活
背景	欧米近代志向	土着地域性
形成	人工物質・基準標準化	自然性・多様性・手づくり性
構造	機能・合理性・均質性	機縁物語性・場所性・領域的
空間	広域空間システム・ヒエラルキー	地域環境システム・固有性
効果	人間条件性・国際普遍性	人間ふれあい性・地域文化継承

表1

集合のウチの空間であり、その場所は生活境域としてのまとまりがある。ソトの空間から区切られているが通行空間としてつながるこの微妙な空間システムを継承するには物理的な仕組みの継承だけでなく、近隣コミュニティの中に相関的秩序があり、通行者もそれに対応できているシステムがある。

現在、近代に欧米から移入され、日本の近代の中で形成されてきた都市空間・建築空間システムが環境システムと併せて改めて問われている。しかし日本にもち込まれた近代は、明治開国まではその多くは東南アジア、東アジアで変質した近代西欧文化で融和性もあった。明治に至って急速な欧米文化導入の後の日本の近代の空間計画を見れば、路地空間、路地的空間システムは常に、大枠として近代の空間システムと対照的位置にあることが理解できる。近代の空間計画の特徴を産業技術発展と都市化と近代社会形成の主要3点についてあげれば、その対照に路地空間の特徴をあげることは容易である。すなわち、路地的空間、路地的空間システムについて検討することは近代空間

	地形と集落の路地			
	低地の路地	台地の路地	地形の縁・境界	丘陵・山と路地
非区画型路地(オモテウラ型)(クルドサック型)	水路と自由型	トオリとウラ道	山辺路地・崖縁路地 崖(堤)下路地・階段路地 行き当たり封鎖	丘上集 崖上路地 景観と眺望
区画内型路地(パッケージ型)	条理区画 条坊区画 近世町家区画 耕地整理 土地区画整理	条理区画 条坊区画 近世町家区画 耕地整理 土地区画整理		

表2

システムとは異なる地域に継承されてきた空間システムについて肯定的に検討することになる。

路地の形成とは記憶・持続である

路地的空間について述べる基本的な視座に、「道」「道路」の視座と「居住空間」の視座があり、どちらか片方を省くことはできない。道・道路は環境・居住空間の基本的な要素である。その環境・都市は人間を総体的に規定し、文化も個も環境の中から生まれてきた。行動を制約してしまう環境としての住宅と都市、その正しい環境、理想環境とは何かをどう問いかけるか。これが西欧の都市は古代以来明確であった。都市は神の秩序で、神と同じ形姿をもつ人間だけが自然の姿と都市の姿を生活空間として描くことができた。

これに対し、日本とアジアの都市の基本的性質である「非西欧都市」の形成を近代以前と近代に分けて、その形成経過を次の世代にどう説明・継承するのか、すなわちどう持続させていくのかが重要である。そして体験空間の形成・記憶の継承と路地的空間の持続はこの大事な現在の問題の骨格になり続けるものと考えることができる。この根本的な次元では現在の区画化された市街地形成のモデルだけでなく、その形成過程の記憶、原風景をも計画対象とすることが必要になっている。

（注）　1　坪庭——建物に囲まれた小さな庭。

（宇杉和夫他『まち路地再生のデザイン——路地に学ぶ生活空間の再生術』による。以下の問題文も同じ出典である）

この問題には、センター試験にはなかった「小見出し」がついている。これを見るだけで大まかな内容を把握できるので、読み飛ばさないようにしよう。

さて、ここからが問題となる。[A]の続きだ。（次のページへ）

次の文章を読んで後の問いに答えよ。

図1◎参道型路地的空間
東京・神田の小祠《しょうし》には、その手前の街区に参道型路地的空間が発見できた

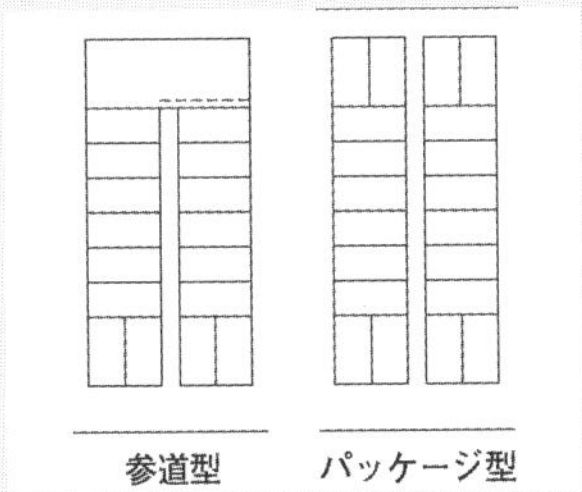

図2◎参道型路地空間とパッケージ型路地空間
月島の通り抜け路地は典型的なパッケージ型路地である

B元来、日本の自然環境（自然景観）はアジアが共有する自然信仰の認識的な秩序の中にあった。日本のムラとマチは西欧と異なり、環境としての自然と一体的であり連続的関係であったのである。具体的には、周囲の（中心である）山と海に生活空間が深く結びついていた。結果として、路地は地形に深く結びついて継承されてきた。

まず、日本の道空間の原型・原風景は区画された街区にはないことを指摘したい。また「すべての道はローマに通ず」といわれ、ローマから拡大延長された西欧の道路空間と、日本の道空間は異なる。目的到着点をもつ参道型空間が基本であり、地域内の参道空間から折れ曲がって分かれ、より広域の次の参道空間に結びつく形式で、西欧のグリッド(注2)形式、放射形式の道路とは異なる（図1）。多くの日本のまちはこの参道空間の両側の店と住居とその裏側の空間からなり、その間に路地がある。これは城下町にも組み込まれてすきまとしての路地があるゆえに連続的、持続的であったと考えられるわけである。それによって面的に広がった計画的区画にある路地は同様のものが繰り返し連続するパッケージ型路地として前者の参道型路地、クルドサック《(注3)》型路地と区分できる（図2）。

この区画方形のグリッドの原型・原風景はどこか。ニューヨークはそのグリッド街路の原型をギリシャ都市に求め、近代世界の中心都市を目指した。アジアの都市にはそれとは異なる別の源流がある。日本の都市はこの区画街区に限らず、アジアの源流と欧米の源流の重複的形式の空間形成になっている。日本の路地は計画的な区画整形の中にあっても、そこに自然尊重の立場が基本にあり、その基盤となってきた。

（注）2　グリッド——格子。
3　クルドサック——袋小路。

問2　図2の「パッケージ型」と「参道型」の路地の説明として最も適当なものを、次の①〜⑤のうちから一つ選べ。

①　パッケージ型の路地とは、近代道路空間計画システムによって区画化された車優先の路地のことで

あり、参道型の路地とは、アジアの自然信仰に基づいた、手つかずの自然を残した原始的な路地を指す。

②　パッケージ型の路地とは、区画整理された路地が反復的に拡張された路地のことであり、参道型の路地とは、通り抜けできない目的到着点をもち、折れ曲がって持続的に広がる、城下町にあるような路地を指す。

③　パッケージ型の路地とは、ローマのような中心都市から拡大延長され一元化された路地のことであり、参道型の路地とは、祠《ほこら》のような複数の目的到達地点によって独自性を競い合うような日本的な路地を指す。

④　パッケージ型の路地とは、ギリシャの都市をモデルに発展してきた同心円状の幾何学的路地のことであり、参道型の路地とは、通行空間と居住空間が混然一体となって秩序を失ったアジア的な路地を指す。

⑤　パッケージ型の路地とは、通り抜けできる路地と通り抜けできない路地が繰り返し連続する路地のことであり、参道型の路地とは、他の路地と連続的、持続的に広がる迷路のような路地を指す。

さて、解けただろうか。

解説・問2

この問題文を「筆者の主張を簡単に読み解く方法」を使って分析してみると、次のようになる。重要部分に傍線を引き、具体例は〈　〉でくくってある。

元来、日本の自然環境（自然景観）はアジアが共有する自然信仰の認識的な秩序の中にあった。日本のムラとマチは西欧と異なり、環境としての自然と一体的であり連続的関係であったのである。〈具体的には、周囲の（中心である）山と海に生活空間が深く結びついていた〉。結果として、路地は地形に深く結びついて継承されてきた。

「抽象→具体→抽象」という評論の典型的な構造となっている。日本と西欧を対比し「日本のムラは自然と一体的であり、路地は地形と結びついて継承された」と述べている。

まず、日本の道空間の原型・原風景は区画された街区にはないことを指摘したい（**気持ちポイント**）。また「すべての道はローマに通ず」といわれ、ローマから拡大延長された西欧の道路空間と、日本の道空間は異なる（**西欧と日本の対比**）。〈目的到着点をもつ参道型空間が基本であり、地域内の参道空間から折れ曲がって分かれ、より広域の次の参道空間に結びつく形式で、西欧のグリッド形式、放射形式の道路とは異なる。多くの日本のまちはこの参道空間の両側の店と住居とその裏側の空間からなり、その間に路地がある。これは城下町にも組み込まれてすきまとしての路地があるゆえに連続的、持続的であったと考えられるわけである。それによって面的に広がった計画的区画にある路地は同様のものが繰り返し連続するパッケージ型路地として前者の参道型路地、クルドサック型路地と区分できる〉。（以下省略）

日本の道空間の原型は区画された街区にはなく、西欧とは異なる。以下、その具体的な説明が続く。

日本――目的到達点を持つ参道型空間が基本。路地は城下町にも組み込まれてすきまとしての路地があるゆえに連続的、持続的であった。それによって、同様のものが繰り返し連続するパッケージ型路地と参道型路地、クルドサック型路地とに区分できる。

西欧――グリッド形式、放射形式。

これをもとに選択肢を見てみよう。

①　パッケージ型の路地とは、近代道路空間計画システムによって区画化された車優先の路地のことであり、参道型の路地とは、アジアの自然信仰に基づいた、手つかずの自然を残した原始的な路地を指す。

↓本文に書かれていない。

②　パッケージ型の路地とは、区画整理された路地が反復的に拡張された路地のことであり（「面的に広がった計画的区画にある路地は同様のものが繰り返し連続する」と対応する）、参道型の路地とは、通り抜けできない目的到着点をもち、折れ曲がって持続的に広がる、城下町にあるような路地を指す。

↓まとめにある通り。

③ パッケージ型の路地とは、ローマのような中心都市から拡大延長され一元化された路地のことであり（パッケージ型は日本の路地である）、参道型の路地とは、祠《ほこら》のような複数の目的到達地点によって独自性を競い合うような日本的な路地を指す。↓本文に書かれていない。

④ パッケージ型の路地とは、ギリシャの都市をモデルに発展してきた同心円状の幾何学的路地のことであり（パッケージ型の説明が誤っている）、参道型の路地とは、通行空間と居住空間が混然一体となって秩序を失ったアジア的な路地を指す（本文に書かれていない）。

⑤ パッケージ型の路地とは、通り抜けできる路地と通り抜けできない路地が繰り返し連続する路地のことであり、参道型の路地とは、他の路地と連続的、持続的に広がる迷路のような路地を指す。↓本文に書かれていない。

正解は②（正答率61・8％）。

センター試験と同じように本文を読み取れれば答えられるが、図1と図2からも参道型とパッケージ型の相違は明らかである。正答率がよかったのも、図で説明されていたからだろう。このように、本文と資料から多面的に考えさせるのが共通テストの特徴だ。

「新傾向の設問」をどう解くか

それでは、新たに導入された新傾向の問題を見てみよう。同じく第一回プレテストから引用する。問題文はA、Bの続き。

例題

図3◎東京・江東区の街区形成と通り
自動車交通、駐車スペースにならずガランとした通りもある

C日本にも西欧にも街区形式の歴史と継承がある。東京にも江戸から継承された街区がある。江東区の方形整形街区方式は掘割(注4)とともに形成された。自由型の水路に沿った路地と同様、区画整形街区も水面に沿った路地と接して形成されてきた。この方形形式は震災復興区画整理事業でも、戦災後の復興計画でも継続された。ここは近代の、整形を基本とする市街地整備の典型となるものである。しかし、そこに理想とした成果・持続が確認できるであろうか（図4）。

図4◎東京・江東区の街区の中の路地
区画整理街区にも路地的空間がまちの特性をつくっている

東京の魅力ある市街地としては地形の複雑な山の手に評価がある。山の手では否応《いやおう》なく地形、自然が関連する。しかし区画整形の歴史がある江東区では、計画が機能的・経済的に短絡されてきた。その中で自然とのつながりをもつ居住区形成には、水面水路との計画的な配慮が必要だった。単に区画整形するだけでは魅力ある住宅市街地は形成されない。その計画的な配慮とは、第1に地区街区の歴史的な空間の記憶を人間スケールの空間にして継承する努力である。体験されてきた空間を誇りをもって継承する意思である。路地的空間の継承である。これらを合理的空間基準が変革対象としてきたことに問題がある。この新区画街区の傍らに、水資源活用から立地した工場敷地跡地が、水辺のオープンスペースと高層居住の眺望・景観を売りものに再開発されれば、住宅需要者の希望は超高層マンションに向かい、街区中層マンションが停滞するのは当然のことである。

（注）4　掘割――地面を掘って作った水路。江東区には掘割を埋め立てて道路を整備した箇所がある。

問3　図3の江東区の一画は、どのように整備された例として挙げられているか。その説明として最も適当なものを、次の①～⑤のうちから一つ選べ。

① 街区の一部を区画整理し、江戸の歴史的な町並みを残しつつ複合的な近代の空間に整備された例。
② 区画整理の歴史的な蓄積を生かし、人間スケールの空間的記憶とその継承を重視して整備された例。
③ 江戸から継承された水路を埋め立て、自動車交通に配慮した機能的な近代の空間に整備された例。
④ 掘割や水路を大規模に埋め立て、オープンスペースと眺望・景観を売りものにして整備された例。
⑤ 複雑な地形が連続している地の利を生かし、江戸期の掘割や水路に沿った区画に整備された例。

解説・問3

設問の「図3の江東区の一画は、どのように整備された例として挙げられているか」を念頭に置いて、本文を分析してみよう。

日本にも西欧にも街区形式の歴史と継承がある。東京にも江戸から継承された街区がある。江東区の方形整形街区方式は掘割とともに形成された（ここから江東区の街区形式について述べている。以下、具体例）。〈自由型の水路に沿った路地と同様、区画整形街区も水面に沿った路地と接して形成されてきた。この方形形式は震災復興区画整理事業でも、戦災後の復興計画でも継続された。ここは近代の、整形を基本とする市街地整備の典型となるものである〉。しかし（**逆接ポイント**）、そこに理想とした成果・持続が確認できるであろうか（**気持ちポイント**。反語は強調表現で筆者の主張を示す。筆者は江東区の街区形成を否定的に見ている）。

東京の魅力ある市街地としては地形の複雑な山の手に評価がある。山の手では否応《いやおう》なく地形、自然が関連する。しかし（**逆接ポイント**）区画整形の歴史がある江東区では、計画が機能的・経済的に短絡されてきた（つまり、機能性や経済性を重視しすぎた）。その中で自然とのつながりをもつ居住区形成には、水面水路との計画的な配慮が必要だった（つまり、水面水路との計画的な配慮をしなかった）。単に区画整形するだけでは魅力ある住宅市街地は形成されない（つまり、単に区画整形しただけだった）。その計画的な配慮とは、第1に地区街区の歴史的な空間の記憶を人間スケールの空間にして継承する努力である。体験されてきた空間を誇りをもって継承する意思である。路地的空間の継承である。これら（歴史的な空間、体験されてきた空間、つまり路地的空間）を合理的空間基準が変革対象としてきたことに問題がある（**気持ちポイント**）。この新区画街区の傍らに、水資源活用から立地した工場敷地跡地が、水辺のオープンスペースと高層居住の眺望・景観を売りものに再開発されれば、住宅需要者の希望は超高層マンションに向かい、街区中層マンションが停滞するのは当然のことである。

まとめると、こうなる。

- **江東区の方形整形街区方式は掘割とともに形成されたが、そこに理想とした成果・持続は確認できない。**
- **東京の魅力ある市街地としては地形の複雑な山の手に評価がある。江東区では機能性や経済性を重視したために、水面水路との計画的な配慮をせず、単に区画整形しただけだった。**
- **歴史的な空間あるいは路地的空間を、合理的空間基準が変革対象としてきたことに問題があった。**

選択肢を見てみよう。

①　街区の一部を区画整理し、江戸の歴史的な町並みを残しつつ複合的な（歴史的な空間を合理的空間基準が変革対象としてきたので、古い町並みを残してはいない）近代の空間に整備された例。

②　区画整理の歴史的な蓄積を生かし、人間スケールの空間的記憶とその継承を重視して整備された例（「人間スケールの空間にして継承する努力」はしなかった）。

③　江戸から継承された水路を埋め立て（本文に水路を埋め立てたという記述はない）、自動車交通に配慮した（自動車交通に関する記述もない）機能的な近代の空間に整備された例。

④　掘割や水路を大規模に埋め立て、オープンスペースと眺望・景観を売りものにして整備された例（これは水資源活用から立地した工場敷地跡地の例である）。

⑤　複雑な地形が連続している地の利を生かし、江戸期の掘割や水路に沿った区画に整備された例（江東区は水面水路との計画的な配慮をせず、単に区画整理をしただけだった）。

あれ？　すべて間違いで正解がない。しかし、そんなはずはないので、もう一度選択肢を見ると、③の「水路を埋め立て、自動車交通に配慮した」が本文に記述がないだけで、間違いとは言えない。よって、これが正解となる。

正解は③（正答率は19・2％）。

「え〜!?」と思った人がほとんどだろう。正答率が極端に低いことからも、多くの人が戸惑ったことがわかる。実はこれが新たに登場した「推論」させる問題なのだ。これまでの解法では解けないので、詳しく説明しよう。

もう一度、本文の要点を整理してみる。

・江東区では水面水路との計画的な配慮をせず、単に区画整形しただけだった。
・歴史的な空間あるいは路地的空間を、合理的空間基準が変革対象としてきたことに問題がある。

さらに、(注4)に「江東区には掘割を埋め立てて道路を整備した箇所がある」という記述があり、図3には、広く大きな道がまっすぐに伸び「自動車交通、駐車スペースにならずガランとした通りもある」と説明されている。

つまり、江東区が「水面水路との計画的な配慮をせず、歴史的な空間あるいは路地的空間を、合理的空間基準が変革対象とした」とは、「水路を埋め立て路地的空間を継承せず、自動車用の道路を作った」ことだと「推論」できるのだ。図3では、まっすぐに伸びた大きな通りがガランとしているが、これは「人間スケールの空間にして継承する努力」をせず、単に区画整形しただけだったことを表している。だから、筆者は「江東区の方形整形街区方式は、理想とした成果・持続は確認できない」と述べているのだ。

さて、理解できただろうか。

「そんなことまでわからないよ」という声が聞こえてきそうだが、本文を表面的に読むのではなく、資料や注釈を参考にしながら多角的・多面的に文章の背後にある事象を「推論」（あるいは考察）するのが新傾向の問題なのだ。しかも、必要な情報を素早く取り出さなければならないので、模擬問題等で練習を重ねておく必要がある。

ただし、この設問はかなり難解なので、本番ではもう少し平易になるだろう。

では、もう一題、第一回プレテストから引用する。今回は「推論」が必要だと先に述べておくので、様々な情報から「推論」してほしい。

例題

これまでのＡ～Ｃの文章および次の文章を読んで、後の問いに答えよ。

Ｄこの2タイプ（編集注：江東区と山の手）に対して、向島地区の路地的空間は街区型でもなく、開放高層居住空間でもなく、自然形成農道等からなる地域継承空間システムの文脈の中にある（図5）。そしてそこでもまた居住者の評価が高まってきている。本来、地域に継承されてきた空間システムであれば、それは計画検討課題になり、結果がよければビジョンの核にもなるものであった。ところが現実には、地域の継承空間システムは居住者の持続的居住欲求によって残り、また地域の原風景に対する一般人の希求・要求によって、結果として継承に至ったものが多く、計画的にはあくまで変革すべき対象であった経過がある。

図5◎東京・墨田区向島の通り
向島の通り空間はカーブしてまちの特性となっている

計画とはあくまで欧米空間への追随であった。また、この地域継承の路地空間システム居住地区においても駅前や北側背後に水面をもつ地区において高層マンションも含む再開発が進行している。しかし、この再開発もル[注5]・コルビュジエの高層地区提案のように、地区を全面的に変革するものではなく、路地的空間との関係こそが計画のテーマとなる方法論が必要である。

路地的空間をもつ低層居住地区にするか、外部開放空間をもつ高層居住地区にするかといった二者択一ではなく、地域・地区の中で両空間モデルが補完・混成して成立するシステムが残っている。地域の原風景、村の原風景は都市を含めてあらゆる地域コミュニティの原点である。その村（集落）の原風景がほとんど消滅しているが、家並みと路地と共同空間からなる村とまちの原風景は、現在のストックの再建に至った時には、すべての近代空間計画地の再生にあたって、可能性を検討すべきである。都市居住にとっても路地はふれあいと場所の原風景である。近代化の中でこそ路地の原風景に特別の意味があったとすれば、それは日本の近代都市計画を継承する新たな時代の１つの原点にもなるべきものである。

（注）５　ル・コルビュジエ――スイス生まれの建築家（一八八七～一九六五）。

問４　「路地空間」・「路地的空間」はどのような生活空間と捉えられるか。文章全体に即したまとめとして適当なものを、次の①～⑥のうちから二つ選べ。

①　自然発生的に区画化された生活空間。

②　地形に基づいて形成された生活空間。

③　大自然の景観を一望できる生活空間。
④　都市とは異なる自然豊かな生活空間。
⑤　通行者の安全性を確保した生活空間。
⑥　土地の記憶を保持している生活空間。

問5　まちづくりにおける「路地的空間」の長所と短所について、緊急時や災害時の対応の観点を加えて議論した場合、文章全体を踏まえて成り立つ意見はどれか。最も適当なものを、次の①〜⑤のうちから一つ選べ。

①　機能性や合理性を重視する都市の生活にあって、路地的空間は緊急時の対応を可能にする密なコミュニティを形成するという長所がある。一方、そうした生活境域としてのまとまりはしばしば自然信仰的な秩序とともにあるため、近代的な計画に基づいて再現することが難しいという短所がある。
②　日本の路地的空間は欧米の路地とは異なり、自然との共生や人間同士のふれあいを可能にするという長所がある。一方、自然破壊につながるような区画整理を拒否するため、居住空間と通行空間が連続的に広がらず、高齢の単身居住者が多くなり、災害時や緊急時において孤立してしまうという短所

がある。

③　豊かな自然や懐かしい風景が残存している路地的空間は、持続的に住みたいと思わせる生活空間であり、相互扶助のコミュニティが形成されやすいという長所がある。一方、計画的な区画整理がなされていないために、災害時には、緊急車両の進入を妨げたり住民の避難を困難にしたりする短所がある。

④　路地的空間には、災害時の避難行動を可能にする機能的な道・道路であるという点で、近代的な都市の街区にはない長所がある。一方、都市居住者にとって路地的空間は地域の原風景としてばかり捉えられがちで、そうした機能性が合理的に評価されたり、活用されたりしにくいという短所がある。

⑤　再開発を行わず近代以前の地域の原風景をとどめる低層住宅の路地的空間は、コミュニティとしての結束力が強く、非常事態においても対処できる長所がある。一方、隣接する欧米近代志向の開放高層居住空間のコミュニティとは、価値観があまりにも異なるために共存できないという短所がある。

解説・問4

センター試験と同じで、本文の内容がわかっていれば解ける問題だ。

① 自然発生的に区画化された生活空間。→Bに「日本の道空間の原型・原風景は区画された街区にはない」とあり、表1の「形成」には「自然性」「手づくり性」とあるように、路地は「区画化」されたものではない。

② 地形に基づいて形成された生活空間。→Bに「地形に深く結びついて継承されてきた」とあるので、正しい。

③ 大自然の景観を一望できる生活空間。→Bに「日本のムラとマチは……自然と一体的であり」とあるが、それは大自然の景観を一望できるという意味ではない。

④ 都市とは異なる自然豊かな生活空間。→本文は都市計画について述べており、都市と異なるわけではない。また、自然性はあるが、「自然豊かな」という意味ではない。

⑤ 通行者の安全性を確保した生活空間。→そのような記述はない。

⑥ 土地の記憶を保持している生活空間。→前半部分の見出しに「路地の形成とは記憶・持続である」とある。

正解は②⑥（正答率35・8%）。

共通テストの平均難度はこのレベルだと思われる。

解説・問5

まず重要部分を抜き出してみよう。

　この2タイプ（編集注：江東区と山の手）に対して、向島地区の路地的空間は街区型でもなく（**打消ポイント**）、開放高層居住空間でもなく（**打消ポイント**）、自然形成農道等からなる地域継承空間システムの文脈の中にある。そしてそこでもまた居住者の評価が高まってきている。本来、地域に継承されてきた空間システムであれば、それは計画検討課題になり、結果がよければビジョンの核にもなるものであった。ところが（**逆接ポイント**）現実には、地域の継承空間システムは居住者の持続的居住欲求によって残り、また地域の原風景に対する一般人の希求・要求によって、結果として継承に至ったものが多く、計画的にはあくまで変革すべき対象であった経過がある。計画とはあくまで欧米空間への追随であった。また、この地域継承の路地空間システム居住地区においても駅前や北側背後に水面をもつ地区において高層マンションも含む再開発が進行している。しかし（**逆接ポイント**）、この再開発もル・コルビュジエの高層地区提案のように、地区を全面的に変革するものではなく（**打消ポイント**）、路地的空間との関係こそが計画のテーマとなる方法論が必要である（気持ちポイント）。

路地的空間をもつ低層居住地区にするか、外部開放空間をもつ高層居住地区にするかといった二者択一ではなく（打消ポイント）、地域・地区の中で両空間モデルが補完・混成して成立するシステムが残っている。地域の原風景、村の原風景は都市を含めてあらゆる地域コミュニティの原点である。その村（集落）の原風景がほとんど消滅しているが（逆接ポイント）、家並みと路地と共同空間からなる村とまちの原風景は、現在のストックの再建に至った時には、すべての近代空間計画地の再生にあたって、可能性を検討すべきである（気持ちポイント）。都市居住にとっても路地はふれあいと場所の原風景である。近代化の中でこそ（気持ちポイント）路地の原風景に特別の意味（ふれあいと場所の原風景）があったとすれば、それは日本の近代都市計画を継承する新たな時代の1つの原点にもなるべきものである（気持ちポイント）。

重要部分をまとめるとこうなる。

・向島地区の路地的空間は、自然形成農道等からなる地域継承空間システムの文脈の中にあり、居住者の評価が高まってきている。

・地域の継承空間システムは居住者の持続的居住欲求によって残り、また地域の原風景に対する一般人の希求・要求によって、結果として継承に至ったものが多い。

・（再開発においては）路地的空間との関係こそが計画のテーマとなる方法論が必要である。

・家並みと路地と共同空間からなる村とまちの原風景は、現在のストック（既存の住宅）の再建に至った時には、すべての近代空間計画地の再生にあたって、可能性を検討すべきである。

・路地の原風景に特別の意味（ふれあいと場所の原風景）があったとすれば、それは日本の近代都市計画を継承する新たな時代の1つの原点にもなるべきものである。

設問には「緊急時や災害時の対応の観点を加えて議論した場合」とあるが、本文には書かれていないので「推論」するしかない。図2を参考にすると、「狭い路地的空間は緊急時、災害時において迅速な行動の妨げになる」と「推論」できるので、これを念頭に置いて選択肢を見てみよう。

①　機能性や合理性を重視する都市の生活にあって、路地的空間は緊急時の対応を可能にする密なコミュニティを形成する（狭い空間での迅速な「行動」は難しいが、密なコミュニティによって、緊急時の「対応」はできるかもしれない）という長所がある。一方、そうした生活境域としてのまとまりはしばしば自然信仰的な秩序とともにあるⒷには「自然信仰の認識的な秩序の中にあった」とあるが、それは路地的空間のことではない）ため、近代的な計画に基づいて再現することが難しいという短所があるⒹに「家並みと路地と共同空間からなる村とまちの原風景は～近代空間計画地の再生にあたっ

て、可能性を検討すべきである」とある）。

② 日本の路地的空間は欧米の路地とは異なり、自然との共生や人間同士のふれあいを可能にするという長所がある。一方、自然破壊につながるような区画整理を拒否するため（本文に書かれていない）、居住空間と通行空間が連続的に広がらず（図を見る限り、連続的に広がっている）、高齢の単身居住者が多くなり（このような記述はなく、正しいとは言い切れない）、災害時や緊急時において孤立してしまうという短所がある。

③ 豊かな自然や懐かしい風景が残存している路地的空間は、持続的に住みたいと思わせる生活空間であり、相互扶助のコミュニティが形成されやすいという長所がある。一方、計画的な区画整理がなされていないために、災害時には、緊急車両の進入を妨げたり住民の避難を困難にしたりする短所がある。→その通り。

④ 路地的空間には、災害時の避難行動を可能にする機能的な（災害時の避難行動を可能にしないし、機能的でもない）道・道路であるという点で、近代的な都市の街区にはない長所がある。一方、都市居住者にとって路地的空間は地域の原風景としてばかり捉えられがちで、そうした機能性が合理的に評価されたり、活用されたりしにくいという短所がある（Dには「地域の原風景に対する一般人の希求・要求によって、結果として継承に至ったものが多く」とある）。

⑤ 再開発を行わず近代以前の地域の原風景をとどめる低層住宅の路地的空間は、コミュニティとして

の結束力が強く、非常事態においても対処できる長所がある。一方、隣接する欧米近代志向の開放高層居住空間のコミュニティとは、価値観があまりにも異なるために共存できないという短所がある（D）には「路地的空間をもつ低層居住地区にするか、外部開放空間をもつ高層居住地区にするかといった二者択一ではなく、地域・地区の中で両空間モデルが補完・混成して成立するシステムが残っている」と述べている）。

正解は③（正答率44・８％）。

「狭い路地的空間が緊急時、災害時において迅速な行動の妨げになる」と推測できた人は、それなりにいたようだ。

では、ここまで学んだことを踏まえて、問題の解き方をまとめてみよう。

問題解法のポイント！

1、まずリード文や出典、小見出しを見てから設問を確認する。

共通テストでは小見出しがつく場合があるので、リード文や出典、小見出しを見るだけで、内容がおおよそ推測できる。さらに設問をざっと見て、何が問われるのかを知っておけば、読む際のポイントを押さえることができる。

2、文章は全文を一気読みする。

センター試験では意味段落ごとに設問を解くことができたが、共通テストでは傍線部が少なくなり、全文から問う設問が複数出題されると予測されるので、まずは一気読みして全体の論旨をつかんだ方がいい。

その際、P25の「筆者が言いたい部分を見つける十か条」に従って重要部分に傍線を引いておくと、読み返す際の参考になる。

3、添付された資料と対応させながら本文を読む。

共通テストでは読解力とともに必要な情報を抜き出す能力も試されるので、本文を読みながら資料のポイントを押さえることが必須だ。その際、使わない資料や関係のない部分もあるので注意しよう。第一回プレテストの表2などがその例だ。

4、本文に直接書かれていない内容が正解となる場合があるので、様々な情報を集めて「推論」（あるいは考察）する。

例えば、Ｐ48で引用した問題文では、次のような「推論」を行った。

★江東区では、計画が機能的・経済的に短絡されてきた。↓つまり、江東区では機能性や経済性を重視しすぎた。

★自然とのつながりをもつ居住区形成には、水面水路との計画的な配慮が必要だった。↓つまり、水面水路との計画的な配慮をしないで居住区形成を行った。

★単に区画整形するだけでは魅力ある住宅市街地は形成されない↓つまり、単に区画整形しただけだったので、魅力ある住宅市街地が形成されなかった。

これを応用すると、次のような例が考えられる。

★自由や自我という概念は近代以降に生み出された。↓つまり、近代以前には自由や自我という概念はなかった。

★刑法41条は、「14歳に満たない者の行為は罰しない」と規定している。↓つまり、14歳以上の者は刑法41条によって罰せられる。

★試験場では文字の入った文房具を使用してはならないが、製造会社名はその限りではない。↓つまり、製造会社名の入った文房具は使用してもよい。

見送りとなった記述問題からも引用しよう。

★一人の会員が複数の部に所属すること（兼部）は禁止する。ただし、体育部と文化部の兼部については、双方の顧問の了解が得られれば可能とする。↓つまり、これまで認められてこなかったのは、文化部同士、体育部同士の兼部である（または、体育部と文化部間以外の兼部である）。

このような「推論」（あるいは考察）によって問題を解くのが、共通テストの特徴だ。表面的な内容だけではなく、文意の背後にある事象にまで注意しよう。

新傾向のパターンはまだあるので、次のページから第二回プレテストを使って解説する。

実践演習

では、これまで学んだことを使って問題を解いてみよう。次は、第二回プレテストの問題だ。

問　次の【資料Ⅰ】は、【資料Ⅱ】と【文章】を参考に作成しているポスターである。【資料Ⅱ】は著作権法（二〇一六年改正）の条文の一部であり、【文章】は名和小太郎《なわこたろう》の『著作権2.0　ウェブ時代の文化発展をめざして』（二〇一〇年）の一部である。これらを読んで、後の問い（問1～6）に答えよ。なお、設問の都合で【文章】の本文の段落に1～18の番号を付し、表記を一部改めている。（配点　50）

【資料Ⅰ】

著作権のイロハ

著作物とは（「著作権法」第二条の一より）

☑「思想または感情」を表現したもの
☑思想または感情を「創作的」に表現したもの
☑思想または感情を「表現」したもの
☑「文芸、学術、美術、音楽の範囲」に属するもの

著作物の例

言語	音楽
・小説 ・脚本 ・講演　等	・楽曲 ・楽曲を伴う歌詞　等

舞踏・無言劇	美術	地図・図形
・ダンス ・日本舞踊 ・振り付け　等	・絵画 ・版画 ・彫刻　等	・学術的な図面 ・図表 ・立体図　等

著作権の例外規定（権利者の了解を得ずに著作物を利用できる）

〈例〉市民楽団が市民ホールで行う演奏会

【例外となるための条件】

a

【資料Ⅱ】

「著作権法」（抄）

（目的）

第一条　この法律は、著作物並びに実演、レコード、放送及び有線放送に関し著作者の権利及びこれに隣接する権利を定め、これらの文化的所産の公正な利用に留意しつつ、著作者等の権利の保護を図り、もつて文化の発展に寄与することを目的とする。

（定義）

第二条　この法律において、次の各号に掲げる用語の意義は、当該各号に定めるところによる。

一　著作物 思想又は感情を創作的に表現したものであつて、文芸、学術、美術又は音楽の範囲に属するものをいう。

二　著作者 著作物を創作する者をいう。

三　実演 著作物を、演劇的に演じ、舞い、演奏し、歌い、口演し、朗詠し、又はその他の方法により演ずること（これらに類する行為で、著作物を演じないが芸能的な性質を有するものを含む。）をいう。

（技術の開発又は実用化のための試験の用に供するための利用）

第三十条の四　公表された著作物は、著作物の録音、録画その他の利用に係る技術の開発又は実用化のための試験の用に供する場合には、その必要と認められる限度において、利用することができる。

（営利を目的としない上演等）

第三十八条　公表された著作物は、営利を目的とせず、かつ、聴衆又は観衆から料金（いずれの名義をもつてするかを問わず、著作物の提供又は提示につき受ける対価をいう。以下この条において同じ。）を受けない場合には、公に上演し、演奏し、上映し、又は口述することができる。ただし、当該上演、演奏、上映又は口述について実演家又は口述を行う者に対し報酬が支払われる場合は、この限りでない。

（時事の事件の報道のための利用）

第四十一条　写真、映画、放送その他の方法によつて時事の事件を報道する場合には、当該事件を構成し、又は当該事件の過程において見られ、若しくは聞かれる著作物は、報道の目的上正当な範囲内において、複製し、及び当該事件の報道に伴つて利用することができる。

【文章】

キーワード	排除されるもの
思想または感情	外界にあるもの（事実、法則など）
創作的	ありふれたもの
表現	発見、着想
文芸、学術、美術、音楽の範囲	実用のもの

表1　著作物の定義

1 著作者は最初の作品を何らかの実体――記録メディア――に載せて発表する。その実体は紙であったり、カンバスであったり、空気振動であったり、光ディスクであったりする。この最初の作品をそれが載せられた実体とともに「原作品」――オリジナル――と呼ぶ。

2 著作権法は、じつは、この原作品のなかに存在するエッセンスを引き出して「著作物」と定義していることになる。そのエッセンスとは何か。<u>記録メディアから剝がされた記号列</u>（A）になる。著作権が対象とするものは原作品ではなく、この記号列としての著作物である。

3 論理的には、著作権法のコントロール対象は著作物である。しかし、そのコントロールは著作物という概念を介して物理的な実体――複製物など――へと及ぶのである。現実の作品は、物理的には、あるいは消失し、あるいは拡散してしまう。だが著作権法は、著作物を頑丈な概念として扱う。

4 もうひと言。著作物は、かりに原作品が壊されても盗まれても、保護期間内であれば、そのまま存続する。また、破れた書籍のなかにも、音程を外した歌唱のなかにも、存在する。現代のプラトニズム、とも言える。

5著作物は、多様な姿、形をしている。繰り返せば、テキストに限っても——そして保護期間について眼をつむれば——それは神話、叙事詩、叙情詩、法典、教典、小説、哲学書、歴史書、新聞記事、理工系論文に及ぶ。いっぽう、表1の定義にガッチ(ア)するものを上記の例示から拾うと、もっともテキゴ(イ)ウするものは叙情詩、逆に、定義になじみにくいものが理工系論文、あるいは新聞記事ということになる。理工系論文、新聞記事には、表1から排除される要素を多く含んでいる。

6ということで、著作権法にいう著作物の定義は叙情詩をモデルにしたものであり、したがって、著作権の扱いについても、その侵害の有無を含めて、この叙情詩モデルを通しているのである。それはテキストにとどまらない。地図であっても、伽藍《がらん》であっても、ラップであっても、プログラムであっても、それを叙情詩として扱うのである。

	叙情詩型	理工系論文型
何が特色	表現	着想、論理、事実
誰が記述	私	誰でも
どんな記述法	主観的	客観的
どんな対象	一回的	普遍的
他テキストとの関係	なし（自立的）	累積的
誰の価値	自分	万人

表2　テキストの型

7 だが、ここには無方式主義（注1）という原則がある。このために、著作権法は叙情詩モデルを尺度として使えば排除されてしまうようなものまで、著作物として認めてしまうことになる。

8 叙情詩モデルについて続ける。このモデルの意味を確かめるために、その特性を表2として示そう。比較のために叙情詩の対極にあると見られる理工系論文の特性も並べておく。

9 B表2は、具体的な著作物——テキスト——について、表1を再構成したものである。ここに見るように、叙情詩型のテキストの特徴は、「私」が「自分」の価値として「一回的」な対象を「主観的」に「表現」として示したものとなる。逆に、理工系論文の特徴は、「誰」かが「万人」の価値として「普遍的」な対象について「客観的」に「着想」や「論理」や「事実」を示すものとなる。

10 話がくどくなるが続ける。二人の詩人が「太郎を眠らせ、太郎の屋根に雪ふりつむ。」（注2）というテキストを同時にべつべつに発表することは、確率的に見てほとんどゼロである。このように、叙情詩型のテキストであれば、表現の希少性は高く、したがってその著作物性——著作権の濃さ——は高い。

11 いっぽう、誰が解読しても、特定の生物種の特定の染色体の特定の遺伝子に対するＤＮＡ配列は同じ表現になる。こちらの著作物性は低く、したがって著作権法のコントロール領域の外へはじき出されてしまう。その記号列にどれほど研究者のアイデンティティが凝縮していようと、どれほどコストや時間が投入されていようと、どれほどの財産的な価値があろうとも、である。じつは、この型のテキストの価値は内容にある。その内容とはテキストの示す着想、論理、事実、さらにアルゴリズム（注3）、発見などに及ぶ。

12多くのテキスト——たとえば哲学書、未来予測シナリオ、歴史小説——は叙情詩と理工系論文とをリョ(ウ)ウタンとするスペクトル(注4)のうえにある。その著作物性については、そのスペクトル上の位置を参照すれば、およその見当はつけることができる。

13表2から、どんなテキストであっても、「表現」と「内容」とを二重にもっている、という理解を導くこともできる。それはフェルディナン・ド・ソシュール(注5)の言う「記号表現」と「記号内容」に相当する。叙情詩尺度は、つまり著作権法は、このうち前者に注目し、この表現のもつ価値の程度によって、その記号列が著作物であるのか否かを判断するものである。ここに見られる表現の抽出と内容の排除とを、法学の専門家は「表現／内容の二分法」と言う。

14いま価値というあいまいな言葉を使ったが、およそ何であれ、「ありふれた表現」でなければ、つまり希少性があれば、それには価値が生じる。著作権法は、テキストの表現の希少性に注目し、それが際立っているものほど、そのテキストは濃い著作権をもつ、逆であれば薄い著作権をもつと判断するのである。この二分法は著作権訴訟においてよく言及される。争いの対象になった著作物の特性がより叙情詩型なのか、そうではなくてより理工系論文型なのか、この判断によって侵害のありなしを決めることになる。

15著作物に対する操作には、著作権に関係するものと、そうではないものとがある。前者を著作権の「利用」と言う。そのなかには多様な手段があり、これをまとめると表3となる。「コピーライト」という言葉は、この操作をすべてコピーとみなすものである。その「コピー」は日常語より多義的である。

<table>
<tr><th colspan="2">著作物／利用目的</th><th>固定型</th><th>散逸型</th><th>増殖型</th></tr>
<tr><td colspan="2">そのまま</td><td>展示</td><td>上映、演奏</td><td>――</td></tr>
<tr><td colspan="2">複製</td><td>フォトコピー</td><td>録音、録画</td><td>デジタル化</td></tr>
<tr><td colspan="2">移転</td><td>譲渡、貸与</td><td colspan="2">放送、送信、ファイル交換</td></tr>
<tr><td rowspan="2">二次的利用</td><td>変形</td><td colspan="3">翻訳、編曲、脚色、映画化、パロディ化
リバース・エンジニアリング（注6）</td></tr>
<tr><td>組込み</td><td colspan="3">編集、データベース化</td></tr>
</table>

表3　著作物の利用行為（例示）

16 表3に示した以外の著作物に対する操作を著作物の「使用」と呼ぶ。この使用に対して著作権法ははたらかない。何が「利用」で何が「使用」か。その判断基準は明らかでない。

17 著作物の使用のなかには、たとえば、書物のエツラン(エ)、建築への居住、プログラムの実行などが含まれる。したがって、海賊版の出版は著作権に触れるが、海賊版の読書に著作権は関知しない。じつは、利用や使用の事前の操作として著作物へのアクセスという操作がある。これも著作権とは関係がない。

18 このように、著作権法は「利用／使用の二分法」も設けている。この二分法がないと、著作物の使用、著作物へのアクセスまでも著作権法がコントロールすることとなる。このときコントロールはカジョウ(オ)となり、正常な社会生活までも抑圧してしまう。たとえば、読書のつど、居住のつど、計算のつど、その人は著作者に許可を求めなければならない。ただし、現実には利用と使用との区別が困難な場合もある。

（注）

1　無方式主義——著作物の誕生とともに著作権も発生するという考え方。

2「太郎を眠らせ、太郎の屋根に雪ふりつむ。」——三好達治「雪」の一節。

3　アルゴリズム——問題を解決する定型的な手法・技法や演算手続きを指示する規則。

4　スペクトル——多様なものをある観点に基づいて規則的に配列したもの。

5　フェルディナン・ド・ソシュール——スイス生まれの言語学者（一八五七〜一九一三）。

6　リバース・エンジニアリング——一般の製造手順とは逆に、完成品を分解・分析してその仕組み、構造、性能を調べ、新製品に取り入れる手法。

問1 傍線部（ア）〜（オ）に相当する漢字を含むものを、次の各群の①〜⑤のうちから、それぞれ一つずつ選べ。

（ア）ガッチする
① チメイ的な失敗
② 火災ホウチ器
③ チセツな表現
④ チミツな頭脳
⑤ 再考のヨチがある

（イ）テキゴウする
① プロにヒッテキする実力
② テキドに運動する
③ 窓にスイテキがつく
④ ケイテキを鳴らす
⑤ 脱税をテキハツする

（ウ）リョウタン
① タンセイして育てる
② 負傷者をタンカで運ぶ
③ 経営がハタンする
④ ラクタンする
⑤ タンテキに示す

（エ）エツラン

①　橋のランカンにもたれる　②　シュツランの誉れ

③　ランセの英雄　④　イチランに供する

⑤　事態はルイランの危うきにある

（オ）カジョウ

①　ジョウヨ金　②　ジョウチョウな文章

③　米からジョウゾウする製法　④　金庫のセジョウ

⑤　家庭のジョウビ薬

問２　傍線部Ａ「記録メディアから剝がされた記号列」とあるが、それはどういうものか。【資料Ⅱ】を踏まえて考えられる例として最も適当なものを、次の①〜⑤のうちから一つ選べ。

①　実演、レコード、放送及び有線放送に関するすべての文化的所産。

②　小説家が執筆した手書きの原稿を活字で印刷した文芸雑誌。

③　画家が制作した、消失したり散逸したりしていない美術品。
④　作曲家が音楽作品を通じて創作的に表現した思想や感情。
⑤　著作権法ではコントロールできないオリジナルな舞踏や歌唱。

問3　【文章】における著作権に関する説明として最も適当なものを、次の①～⑤のうちから一つ選べ。

①　著作権に関わる著作物の操作の一つに「利用」があり、著作者の了解を得ることなく行うことができる。音楽の場合は、そのまま演奏すること、録音などの複製をすること、編曲することなどがそれにあたる。
②　著作権法がコントロールする著作物は、叙情詩モデルによって定義づけられるテキストである。したがって、叙情詩、教典、小説、歴史書などがこれにあたり、新聞記事や理工系論文は除外される。
③　多くのテキストは叙情詩型と理工系論文型に分類することが可能である。この「二分法」の考え方に立つことで、著作権訴訟においては、著作権の侵害の問題について明確な判断を下すことができている。
④　著作権について考える際には、「著作物性」という考え方が必要である。なぜなら、遺伝子のDN

A配列のように表現の希少性が低いものも著作権法によって保護できるからである。

⑤　著作物にあたるどのようなテキストも、「表現」と「内容」を二重にもつ。著作権法は、内容を排除して表現を抽出し、その表現がもつ価値の程度によって著作物にあたるかどうかを判断している。

問4　傍線部B「表2は、具体的な著作物――テキスト――について、表1を再構成したものである。」とあるが、その説明として最も適当なものを、次の①～⑤のうちから一つ選べ。

①「キーワード」と「排除されるもの」とを対比的にまとめて整理する表1に対し、表2では、「テキストの型」の観点から表1の「排除されるもの」の定義をより明確にしている。

②「キーワード」と「排除されるもの」の二つの特性を含むものを著作物とする表1に対し、表2では、叙情詩型と理工系論文型とを対極とするテキストの特性によって著作物性を定義している。

③「キーワード」や「排除されるもの」の観点で著作物の多様な類型を網羅する表1に対し、表2では、著作物となる「テキストの型」の詳細を整理して説明をしている。

④　叙情詩モデルの特徴と著作物から排除されるものとを整理している表1に対し、表2では、叙情詩型と理工系論文型の特性の違いを比べながら、著作物性の濃淡を説明している。

⑤「排除されるもの」を示して著作物の範囲を定義づける表1に対し、表2では、叙情詩型と理工系論文型との類似性を明らかにして、著作物と定義されるものの特質を示している。

問5 **【文章】**の表現に関する説明として**適当でないもの**を、次の①～⑤のうちから一つ選べ。

① 第1段落第一文と第3段落第二文で用いられている「――」は、直前の語句である「何らかの実体」や「物理的な実体」を強調し、筆者の主張に注釈を加える働きをもっている。

② 第4段落第一文「もうひと言。」、第10段落第一文「話がくどくなるが続ける。」は、読者を意識した親しみやすい口語的な表現になっており、文章内容のよりいっそうの理解を促す工夫がなされている。

③ 第4段落第四文「現代のプラトニズム、とも言える」、第13段落第二文「フェルディナン・ド・ソシュールの言う『記号表現』と『記号内容』に相当する」という表現では、哲学や言語学の概念を援用して自分の考えが展開されている。

④ 第5段落第二文「叙情詩」や「理工系論文」、第13段落第一文「表現」と「内容」、第15段落第一文「著作権に関係するものと、そうではないもの」という表現では、それぞれの特質を明らかにするための事例が対比的に取り上げられている。

⑤　第16段落第二文「はたらかない」、第四文「明らかでない」、第17段落第二文「関知しない」、第四文「関係がない」という否定表現は、著作権法の及ばない領域を明らかにし、その現実的な運用の複雑さを示唆している。

問6　【資料Ⅰ】の空欄 a に当てはまるものを、次の①〜⑥のうちから三つ選べ。ただし、解答の順序は問わない。

①　原曲にアレンジを加えたパロディとして演奏すること
②　楽団の営利を目的としていない演奏会であること
③　誰でも容易に演奏することができる曲を用いること
④　観客から一切の料金を徴収しないこと
⑤　文化の発展を目的とした演奏会であること
⑥　演奏を行う楽団に報酬が支払われないこと

解説

重要な部分には傍線を引き、具体例は〈 〉でくくり、資料の説明部分は**太字**にしてある。

1~4

著作者は最初の作品を何らかの実体――記録メディア――に載せて発表する。〈その実体は紙であったり、カンバスであったり、空気振動であったり、光ディスクであったりする。〉この最初の作品をそれが載せられた実体とともに「原作品」――オリジナル――と呼ぶ。

著作権法は、じつは**（気持ちポイント）**、この原作品のなかに存在するエッセンスを引き出して「著作物」と定義していることになる。そのエッセンスとは何か**（疑問）**。記録メディアから剝がされた記号列**（答え）**になる。著作権が対象とするものは原作品ではなく**（打消ポイント）**、この記号列としての著作物である。

論理的には、著作権法のコントロール対象は著作物である。しかし**（逆接ポイント）**、そのコントロールは著作物という概念を介して物理的な実体――複製物など――へと及ぶのである。現実の作品は、物理的には、あるいは消失し、あるいは拡散してしまう。だが**（逆接ポイント）**著作権法は、著作物を頑丈な概念として扱う。

もうひと言。著作物は、かりに原作品が壊されても盗まれても、保護期間内であれば、そのまま存続する。

また、破れた書籍のなかにも、音程を外した歌唱のなかにも、存在する。現代のプラトニズム、とも言える。

A［この部分のまとめ］

・著作者は最初の作品を何らかの記録メディアに載せて発表し、それを「原作品」と呼ぶ。
・著作権法は原作品のエッセンスを引き出して「著作物」と定義する。そのエッセンスとはメディアから剥がされた記号列である。
・しかし、著作権法のコントロール対象は物理的な実体——複製物など——へと及ぶ。
・著作物は原作品が壊されても盗まれても存続する。

5～7

著作物は、多様な姿、形をしている。〈繰り返せば、テキストに限っても——そして保護期間について眼をつむれば——それは神話、叙事詩、叙情詩、法典、教典、小説、哲学書、歴史書、新聞記事、理工系論文に及ぶ。いっぽう、**表1の定義にガッチするものを上記の例示から拾うと、もっともテキゴウするものは叙情詩、逆に、定義になじみにくいものが理工系論文、あるいは新聞記事ということになる。理工系論文、新聞記事には、表1から排除される要素を多く含んでいる。**〉

というとで、（**まとめポイント**）著作権法にいう著作物の定義は叙情詩をモデルにしたものであり、したがって、（**まとめポイント**）著作権の扱いについても、その侵害の有無を含めて、この叙情詩モデルを通しているのである。〈それはテキストにとどまらない。地図であっても、伽藍《がらん》であっても、ラップであっても、プログラムであっても、それを叙情詩として扱うのである。〉だが（**逆接ポイント**）、ここには無方式主義という原則がある。このために、著作権法は叙情詩モデルを尺度として使えば排除されてしまうようなものまで、著作物として認めてしまうことになる。

B［この部分のまとめ］

著作権の扱いは叙情詩モデルを通しているが、無方式主義によって叙情詩モデルを尺度として使えば排除されてしまうようなものまで、著作物として認めてしまう。

8〜12

叙情詩モデルについて続ける。このモデルの意味を確かめるために、その特性を表2として示そう。比較のために叙情詩の対極にあると見られる理工系論文の特性も並べておく。

表2は、具体的な著作物——テキスト——について、表1を再構成したものである。ここに見るように、

叙情詩型のテキストの特徴は、「私」が「自分」の価値として「一回的」な対象を「主観的」に「表現」として示したものとなる。逆に、理工系論文の特徴は、「誰」かが「万人」の価値として「普遍的」な対象について「客観的」に「着想」や「論理」や「事実」を示すものとなる。

話がくどくなるが続ける。二人の詩人が「太郎を眠らせ、太郎の屋根に雪ふりつむ。」というテキストを同時にべつべつに発表することは、確率的に見てほとんどゼロである。このように（**まとめポイント**）、叙情詩型のテキストであれば、表現の希少性は高く、したがって（**まとめポイント**）その著作物性――著作権の濃さ――は高い。

いっぽう（**対比に注意**）、（誰が解読しても、特定の生物種の特定の染色体の特定の遺伝子に対するDNA配列は同じ表現になる。）こちらの著作物性は低く、したがって（**まとめポイント**）著作権法のコントロール領域の外へはじき出されてしまう。その記号列にどれほど研究者のアイデンティティが凝縮していようと、どれほどコストや時間が投入されていようと、どれほどの財産的な価値があろうとも、である。じつは（**気持ちポイント**）、この型のテキストの価値は内容にある。〈その内容とはテキストの示す着想、論理、事実、さらにアルゴリズム、発見などに及ぶ。〉

多くのテキスト――〈たとえば哲学書、未来予測シナリオ、歴史小説〉――は叙情詩と理工系論文とをリョウタンとするスペクトルのうえにある。その著作物性については、そのスペクトル上の位置を参照すれば、およその見当はつけることができる。

C［この部分のまとめ］

・叙情詩型のテキストは著作物性が高く、理工系論文型テキストは著作物性が低い。理工系論文型テキストの価値は内容にある。

・著作物性は叙情詩と理工系論文とを両端とするスペクトル上の位置を参照すれば、おおよそ見当がつく。

13～14

表2から、どんなテキストであっても、「表現」と「内容」とを二重にもっている、という理解を導くこともできる。それはフェルディナン・ド・ソシュールの言う「記号表現」と「記号内容」に相当する。叙情詩尺度は、つまり著作権法は、このうち前者に注目し、この表現のもつ価値の程度によって、その記号列が著作物であるのか否かを判断するものである。ここに見られる表現の抽出と内容の排除とを、法学の専門家は「表現／内容の二分法」と言う。

いま価値というあいまいな言葉を使ったが、およそ何であれ、「ありふれた表現」でなければ、つまり希少性があれば、それには価値が生じる。著作権法は、テキストの表現の希少性に注目し、それが際立っているものほど、そのテキストは濃い著作権をもつ、逆であれば薄い著作権をもつと判断するのである。この二分法は著作権訴訟においてよく言及される。争いの対象になった著作物の特性がより叙情詩型なのか、そうではなくてより理工系論文型なのか、この判断によって侵害のありなしを決めることになる。

D［この部分のまとめ］

著作権法は「表現」の価値の程度によって、著作物か否かを判断する。テキストの表現の希少性に注目し、それが際立っているものほど、濃い著作権をもち、逆であれば薄い著作権をもつと判断する。これを「表現／内容の二分法」と言う。

15～18

著作物に対する操作には、著作権に関係するものと、そうではないものとがある。前者を著作権の「利用」と言う。そのなかには多様な手段があり、これをまとめると表3となる。「コピーライト」という言葉は、この操作をすべてコピーとみなすものである。その「コピー」は日常語より多義的である。

表3に示した以外の著作物に対する操作を著作物の「使用」と呼ぶ。この使用に対して著作権法ははたらかない。何が「利用」で何が「使用」か。その判断基準は明らかでない。

（著作物の使用のなかには、たとえば、書物のエッツラン、建築への居住、プログラムの実行などが含まれる。

したがって、海賊版の出版は著作権に触れるが、海賊版の読書に著作権は関知しない。じつは、利用や使用の事前の操作として著作物へのアクセスという操作がある。これも著作権とは関係がない。）

このように（**まとめポイント**）、著作権法は「利用／使用の二分法」も設けている。この二分法がないと、著作物の使用、著作物へのアクセスまでも著作権法がコントロールすることとなる。このときコントロールはカジョウとなり、正常な社会生活までも抑圧してしまう。たとえば、読書のつど、居住のつど、計算のつど、その人は著作者に許可を求めなければならない。ただし、現実には利用と使用との区別が困難な場合もある。

E〔この部分のまとめ〕

・著作物に対する操作においては、著作権に関係するものを「利用」と言い、そうではないものを「使用」と呼ぶが、何が「利用」で何が「使用」か、その判断基準は明らかでない。

・著作権法は「利用／使用の二分法」も設けているが、現実には利用と使用との区別が困難な場合もある。

では、各設問を見ていこう。

問1

（ア）①（正答率83・4％）　（イ）②（正答率87・4％）
（ウ）⑤（正答率74・7％）　（エ）④（正答率74・0％）
（オ）①（正答率50・0％）

配点は各2点。

それぞれの漢字の正しい表記は次のとおり。漢字はぜひ全問正解してほしい。

（ア）合致　①致命　②報知　③稚拙　④緻密　⑤余地
（イ）適合　①匹敵　②適度　③水滴　④警笛　⑤摘発
（ウ）両端　①丹精　②担架　③破綻　④落胆　⑤端的
（エ）閲覧　①欄干　②出藍　③乱世　④一覧　⑤累卵
（オ）過剰　①剰余　②冗長　③醸造　④施錠　⑤常備

問2

見慣れたセンター試験型の問題だ。

記録メディアとは紙、カンバス、空気振動、光ディスク等のことであり、「何らかの実体」を持ったものである。つまり、「記録メディアから剝がされた記号列」は実体を持たないので、①②③⑤が×となる。また、問題文に「【資料Ⅱ】を踏まえて」とあるので【資料Ⅱ】を見ると、第二条の一に「著作物 思想又は感情を創作的に表現したもの」と書かれている。

正解は④（正答率41・9％）。配点は6点。

難易度もセンター試験とほぼ同じだ。

問3

それぞれの選択肢を見てみよう。

① 著作権に関わる著作物の操作の一つに「利用」があり、著作者の了解を得ることなく行うことができる（「利用」は著作権に関係するので、著作者の了解が必要になる）。音楽の場合は、そのまま演奏すること、録音などの複製をすること、編曲することなどがそれにあたる。

② 著作権法がコントロールする著作物は、叙情詩モデルによって定義づけられるテキストである。したがって、叙情詩、教典、小説、歴史書（この三つが、著作権法がコントロールする著作物の定義に適合するとは明記されていない）などがこれにあたり、新聞記事や理工系論文は除外される（「理工系

論文、新聞記事には、表1から排除される要素を多く含んでいる」とあるので、「除外される」と断言することはできない。また、無方式主義という原則により「著作権法は叙情詩モデルを尺度として使えば排除されてしまうようなものまで、著作物として認めてしまう」とある）。

③　多くのテキストは叙情詩型と理工系論文型に分類することが可能である。この「二分法」の考え方に立つことで、著作権訴訟においては、著作権の侵害の問題について明確な判断を下すことができている（「二分法」とは「表現／内容の二分法」、あるいは「利用／使用の二分法」のことであり、叙情詩型と理工系論文型に分けることではない。また、叙情詩型と理工系論文型に分類することで、著作権の侵害の問題について明確な判断を下すことができるとはいえない）。

④　著作権について考える際には、「著作物性」という考え方が必要である。なぜなら、遺伝子のDNA配列のように表現の希少性が低いものも著作権法によって保護できるからである。（表現の希少性が低いものは、著作物性が低い）

⑤　著作物にあたるどのようなテキストも、「表現」と「内容」を二重にもつ。著作権法は、内容を排除して表現を抽出し、その表現がもつ価値の程度によって著作物にあたるかどうかを判断している。
↓Dのまとめにある通り。

正解は⑤（正答率39・4％）。配点は8点。

これもセンター試験と同じ問題だ。レベルも同じなので、過去問を解いて習熟しておこう。

問4（新傾向）

これもそれぞれの選択肢を分析してみよう。

①「キーワード」と「排除されるもの」とを対比的にまとめて整理する表1に対し、表2では、「テキストの型」の観点から表1の「排除されるもの」の定義をより明確にしている（「排除されるもの」の定義を明確にしたものではなく、叙情詩型と理工系論文型の違いをまとめている）。

②「キーワード」と「排除されるもの」の二つの特性を含むものを著作物とする表1（「排除されるもの」があれば著作物にならない）に対し、表2では、叙情詩型と理工系論文型とを対極とするテキストの特性によって著作物性を定義している。

③「キーワード」や「排除されるもの」の観点で著作物の多様な類型を網羅する表1に対し、表2では、著作物となる「テキストの型」の詳細を整理して説明をしている（表1はキーワード＝叙情詩モデルの観点から「排除されるもの」をまとめたものであり、著作物の類型ではない。また表2の理工系論文型は著作物となりにくい）。

④叙情詩モデルの特徴と著作物から排除されるものとを整理している表1に対し、表2では、叙情詩型と理工系論文型の特性の違いを比べながら、著作物性の濃淡を説明している（「著作物性の濃淡」とは「著作物性の度合い」なので、これが正解）。

⑤「排除されるもの」を示して著作物の範囲を定義づける表1に対し、表2では、叙情詩型と理工系論文型との類似性を明らかにして（類似性ではなく相違点）、著作物と定義されるものの特質を示している。

正解は④（正答率31・1％）。配点は9点。

2つの表の相違を「考察」させるという全く新しいタイプの問題である。各表の持つ意味を理解しないと答えられないので、慣れていないと難しい。様々な模擬問題を解いて図表の読み取り練習をしておこう。

問5

論旨の展開や細かな表現の意味を理解しないと解けないので、かなり難しい。

①　第1段落第一文と第3段落第二文で用いられている「――」は、直前の語句である「何らかの実体」や「物理的な実体」を強調し、筆者の主張に注釈を加える働きをもっている（強調しているのではなく、具体的に説明しているだけ）。

②　第4段落第一文「もうひと言。」、第10段落第一文「話がくどくなるが続ける。」は、読者を意識し

た親しみやすい口語的な表現になっており、文章内容のよりいっそうの理解を促す工夫がなされている。↓その通り。

③ 第4段落第四文「現代のプラトニズム、とも言える」、第13段落第二文「フェルディナン・ド・ソシュールの言う『記号表現』と『記号内容』に相当する」という表現では、哲学や言語学の概念を援用して自分の考えが展開されている。↓引用は自説の裏付けや補強に使われる場合が多いので、その通り。

④ 第5段落第二文「叙情詩」や「理工系論文」、第13段落第一文「表現」と「内容」、第15段落第一文「著作権に関係するものと、そうではないもの」という表現では、それぞれの特質を明らかにするための事例が対比的に取り上げられている。↓その通り。

⑤ 第16段落第二文「はたらかない」、第四文「明らかでない」、第17段落第二文「関知しない」、第四文「関係がない」という否定表現は、著作権法の及ばない領域を明らかにし、その現実的な運用の複雑さを示唆している。↓Eのまとめには「現実には利用と使用との区別が困難な場合もある」ので、その通り。

正解は①（正答率17・1％）。配点は8点。

この種の問題に特効薬はないので、センター試験の過去問で問題慣れをしておこう。

問6（新傾向）

資料を読み取る問題である。

空欄に入るのは著作権の例外規定であり、権利者の了解を得ずに著作物を利用できる条件だから、【資料Ⅱ】の第三十八条に「公表された著作物は、営利を目的とせず、かつ、聴衆又は観衆から料金を受けない場合には、公に上演し、演奏し、上映し、又は口述することができる」とあるので、料金を取らないもの、営利を目的としないものを選べばよい。例外規定は第三十条の四や第四十一条にもあるが、該当する選択肢はない。①は第4段落に「かりに原作品が壊されても盗まれても、保護期間内であれば、そのまま存続する」とあるので、パロディも例外とはならない。③のような記述はない。⑤は【資料Ⅱ】の第一条に「（著作権法は）文化の発展に寄与することを目的とする」とあるので、著作権の対象となる。

正解は②④⑥（正答率　すべて正答が44・3％、2つ正答は31・6％）。配点は各3点。

著作権の例外規定を抜き出すのは容易だったようだ。本番の共通テストではもう少し難化すると思われるので、資料から必要な部分を抜き出す練習を積み重ねておこう。

補足説明

本書では解答の最後に正答率を載せているが、各試験の実施状況は次の通り。（※国語に関するデータ）

・平成29年　第一回プレテスト（11月実施）
――受験者6万4500人……うち高校2年生76％、高校3年生24％
・平成30年　第二回プレテスト（11月実施）
――受験者6万7745人……うち高校2年生78％、高校3年生22％

つまり、11月における高校2年生8割、3年生2割のデータだということだ。受験者の大半が高校2年生なので、本番の正答率よりも低いと考えられる。共通テストは全体平均を5割程度にする予定なので、プレテストにおける正答率40％レベルの問題になるだろう。正答率が30％を切る問題や、60％を超える問題は再検討されるはずだ。

10分で理解する「文学的な文章」解法の極意

どんな問題が出題されるのか？

まず最初に「論理的な文章」と同じように、二回のプレテストでどのような問題が出題されたか、簡単にまとめてみよう。

●第一回プレテスト

光原百合の小説「ツバメたち」の全文。「幸福の王子」のあらすじとそれを元にした短い小説。漢字一問（解答数3）。性格の根拠を問う問題一問、心情を問う問題一問（解答数2）、あらすじと小説の関係を問う問題一問、構成や表現を問う問題一問（解答数3）、計五問。P113以降に全文を掲載し、一部の問題に解説を加えてある。

●第二回プレテスト

吉原幸子の詩「紙」とエッセイ「永遠の百合」。語意を問う問題一問（解答数3）。理由を問う問題一問、内容を問う問題二問、心情を問う問題一問、表現と構成を問う問題一問（解答数2）、計六問。

P130以降に全文を掲載し、問題の解説を加えてある。

ここから四つのことがわかる。

1　趣向の異なる二つの文章から出題される。

2　これまで小説読解のメインであった心情把握問題は一問程度しか出ない。

3　表現や構成を問う問題が必ず一問出される。

4　その他は「論理的な文章」と同じような内容や理由を問う問題となる。

以上から共通テストの問題文は次のようになると思われる。

＼Point／

- 「説明文・小説・詩（短歌等の韻文を含む）・エッセイ」から二つを組み合わせたもの
- センター試験のような長い小説は、おそらく出題されないでは、設問はどうなるのか。

おそらく問一で語意が問われ、心情把握が一問、表現や構成を問う問題が一問。残りは「論理的な文章」と同じような読解問題になるだろう。

このうち、語意問題はこれまでの言語生活がものを言うので、日ごろの学習や読書が大切になる。

また、表現や構成を問う問題の解法は、センター試験の過去問で習熟してほしい。

心情把握の極意

ここでは出題数は減ったが、必ず出題されるであろう心情把握の方法についてまとめておく。

これまでのセンター試験（小説）では、ほとんどが心情を問う問題だったので、こう言い続けてきた。

1　主観的な判断をしないで文中から根拠を探すこと。

2　心情の流れを押さえて場面ごとに状況を把握すること。

この方法は共通テストでも使うことができる。具体的に説明しよう。

例文

A子はすぐに気持ちを顔に出す可愛い奴だ。この間、現代文の試験が三十点だったというので、「お前って、①ほんとに馬鹿だなぁ」と言ったら、ブーとふくれてそっぽを向いてしまった。「ごめん、ごめん、言いすぎちゃったね」と言っても口をきいてくれない。

それから三日後。雨の降ってる夕方、学校を出ようとしたら、A子がずぶ濡れになって駆けてくる。「どうしたの？」って聞いたら、「はい」っておれの携帯を手渡し「教室に忘れてたの思い出しちゃって」と恥ずかしそうに言う。A子はこの雨の中、ずぶ濡れになっておれの携帯を取りに戻ってくれたらしい。おれは急に胸がしゅんとなって「お前って、②ほんとに馬鹿だよなぁ」と言ったら、A子は笑いながらも③泣きそうな顔になった。
そんなA子がおれは大好きだ。

傍線部①②の心情がわかるだろうか。先に述べたように場面分けをして状況を考えてみよう。

最初　A子が現代文で三十点を取った。↓①「ほんとに馬鹿だなぁ」
三日後　A子がずぶ濡れになって携帯を取ってきてくれた。↓②「ほんとに馬鹿だよなぁ」

これならすぐにわかるだろう。同じ「馬鹿だなぁ」というセリフでも、①ならば「本当にバカだな」と思っているけれど、②なら「愛しい気持ち」がこもっている。同じ台詞でも心情が違うのは、状況が違っているからだ。

「人の気持ちは状況によって変化するから、場面ごとに状況を把握すれば、自然と心情は理解できる」ということだ。

それから、傍線部③でA子が「泣きそうな顔になった」理由がわかるだろうか。「おれ」が愛しさをこめて「馬鹿だよなぁ」と言ったからではあるけれど、最初に馬鹿にされた悔しさの反動もあるはずだ。つまり、心情把握で大事なのは、この二つだ。

①場面に分けて状況を把握すること。

②それまでの心情の流れを押さえること。

以上が理解できたら「心情把握の秘訣」をまとめておこう。

前提

設問の多くは心情を聞いてくるが、直接は書かれていない。そこで「自分ならこう思う」ではなく、**根拠となる部分を探す**。この前提を押さえたら次の作業を行う。

心情把握の秘訣

1・人の気持ちは場面によって変わるので、まず**場面に分ける**。場面は主に時間と場所で分けることができる。

2・**その場面までの心情を押さえる。**

3・その場面の**「状況」をしっかりと把握**し、行動・台詞・心情表現から心情を推測する。
4・同一場面の同一人物の台詞は**同じ心情から発せられている場合が多い**ので、他の台詞も参考にする。

その他、表現に着目して心情を理解する方法をまとめておく。

★比喩表現（直喩、隠喩等）に着目する。
作者は心情を具体的にわかってもらうために比喩表現を多用する。

例：「初めて都会に出た時、十八の私は広い海に投げ出されたように感じた」

↓直喩によって、私の孤独感や不安が表現されている。

★連用修飾語や連体修飾語に着目する。
動作主がどのように行動したのか。動作主が対象（名詞）をどのように見ているかによって、動作主の心情が理解できる。

例：「その病名を告げた時、息子の小さな肩が震えていた」

↓「小さな」という連体修飾語によって、息子に対する憐憫や慈しみが表現されている。

例：「別れようかと夫が言った時、妻は即座に『いやよ』と答えた」
↓「即座に」という連用修飾語に、夫と別れたくない妻の強い気持ちが表現されている。

★風景描写に着目する。

小説では風景描写が心情を表している場合が多い。

例：「下人は、何を措《お》いても差し当たり明日の暮らしをどうにかしようとして——いわばどうにもならないことを、どうにかしようとして、とりとめもない考えをたどりながら、さっきから朱雀大路にふる雨の音を、聞くともなく聞いていたのである。雨は、羅生門をつつんで、遠くから、ざあっという音をあつめてくる。夕闇はしだいに空を低くして、見上げると、門の屋根が、斜めにつき出した甍《いらか》の先に、重たくうす暗い雲を支えている」（芥川龍之介『羅生門』より）
↓擬人法による風景描写によって、行き場所のない下人の不安や追い詰められた気持ちが表現されている。

では、これらを使って次の問題を解いてみよう。

次の文章は、岡本かの子の小説「快走」の冒頭部分である。これを読んで、後の問いに答えよ。

中《なか》の間《ま》で道子は弟の準二の正月着物を縫い終《おわ》って、今度は兄の陸郎の分を縫いかけていた。

「それおやじのかい」

離れから廊下を歩いて来た陸郎は、通りすがりにちらと横目に見て訊いた。

「兄さんのよ。これから兄さんも会社以外はなるべく和服で済ますのよ」

道子は顔も上げないで、忙《いそ》がしそうに縫い進みながら言った。

「国策（注1）の線に添ってというのだね」

「だから、着物の縫い直しや新調にこの頃《ごろ》は一日中大変よ」

「はははははは、一人で忙がしがってら、だがね、断って置くが、銀ぶら（注2）なぞに出かけるとき、俺《おれ》は和服なんか着ないよ」

そう言ってさっさと廊下を歩いて行く兄の後姿《うしろすがた》を、道子は顔を上げてじっと見ていたが、Aほーっと吐息をついて縫い物を畳の上に置いた。すると急に屈託《くったく》（注3）して来て、大きな脊《せ》伸びをした。肩が凝って、坐《すわ》り続けた両腿《りょうもも》がだるく張った感じだった。道子は立上《たちあが》って廊下を歩き出した。そのまま玄関で下駄《げた》を履くと、冬晴れの午後の戸外へ出てみた。

陽《ひ》は既に西に遠退《とおの》いて、西の空を薄桃色に燃え立たせ、眼《め》の前のまばらに立つ住宅は影絵のように黝《くろ》ずんで見えていた。道子は光《ひか》りを求めて進むように、住宅街を突っ切って空の開けた多摩川(注4)脇《わき》の草原に出た。

（注）1　国策――国家の政策。この小説が発表された昭和一三（一九三八）年前後の日本では、国家総動員法が制定されるなど国民生活に様々な統制が加えられた。
2　銀ぶら――東京の繁華街銀座通りをぶらぶら散歩すること。
3　屈托――「屈託」に同じ。
4　多摩川――山梨県に発し、南東へ流れて東京湾に注ぐ川。

（2014年度本試）

問　傍線部Ａ「ほーっと吐息をついて縫い物を畳の上に置いた」とあるが、このときの道子の心情はどのようなものか。その説明として最も適当なものを、次の①～⑤のうちから一つ選べ。

①　家族のための仕事をひたすらこなすよう強いられているにもかかわらず、兄にその辛い状況を理解してもらえず、孤独を感じている。
②　家族のための仕事を精一杯こなしていたつもりが、その仕事の使命感に酔っていると兄に指摘され、恥ずかしさにいたたまれなくなっている。
③　家族のための仕事に精一杯取り組んできたのに、その苦心が兄には真剣に受け止められていないことに気づき、張りつめた気持ちが緩んでいる。

④　家族のための仕事は正しいものであると信じてきたので、その重要性を理解しようとしない兄に対して、憤りを抑えがたくなっている。
⑤　家族のための仕事が自分には楽しいものとは思えないうえ、兄に冷やかされながらその仕事を続けなければならないので、投げやりな気分になっている。

これを「心情把握の秘訣」に従って解いてみよう。まずは、場面分けをしてみる。

【場面１】　1〜13行　「道子が中の間で縫い物をしている」
【場面２】　14〜15行　「道子は外に出て多摩川に行く」

傍線部は【場面１】にあり、それまでの心情の流れはないので、この場面だけで状況（行動・台詞・心情表現）をまとめてみよう。

行動　中の間で道子が縫い物をしているところへ、兄の陸郎がやってくる。
「道子は顔も上げないで、忙がしそうに縫い進みながら」

↓「顔も上げないで」「忙がしそうに（連用修飾語）」という表現から、
道子が一生懸命に縫っているのがわかる。
「陸郎は、通りすがりにちらと横目に見て」「さっさと廊下を歩いて行く」
↓「ちらと・さっさと（連用修飾語）」「横目に見て」という表現から、
陸郎がまったく関心を払っていないことがわかる。

台詞　道子「これから兄さんも会社以外はなるべく和服で済ますのよ」

「着物の縫い直しや新調にこの頃は一日中大変よ」

↓家族のために懸命に働いている。

陸郎「国策の線に添ってというのだね」「はははははは、一人で忙がしがってら、だがね、断って置くが、銀ぶらなぞに出かけるとき、俺は和服なんか着ないよ」

↓道子の努力など気にせず、嘲笑している。

心情表現　道子「ほーっと吐息をついて」「急に屈托して来て」
（屈託→疲れてあきること。くよくよすること）

⇦

「こんなにみんなのことを思って頑張っているのに、兄さんは全然理解してくれない。嫌になっちゃ

うな、もう……」と吐息をつく――こんな感じだろう。

さらに【場面２】には「眼の前のまばらに立つ住宅は影絵のように黝《くろ》ずんで見えていた。道子は光りを求めて進むように、住宅街を突っ切って」という情景描写がある。【場面１】と関連させると、「住宅は影絵のように黝ずんで」は道子の屈託した気持ちを、「光を求めて進むように」は、この状況から解放されたい気持ちを表していると考えられる。

ここまでわかったら選択肢を見てみよう。

①　家族のための仕事をひたすらこなすよう強いられているにもかかわらず、兄にその辛い状況を理解してもらえず、孤独を感じている。↓「強いられている」も「孤独」も書かれていない。

②　家族のための仕事を精一杯こなしていたつもりが、その仕事の使命感に酔っていると兄に指摘され、恥ずかしさにいたたまれなくなっている。↓「酔っている」「恥ずかしさにいたたまれなくなっている」も書かれていない。

③　家族のための仕事に精一杯取り組んできたのに、その苦心が兄には真剣に受け止められていないことに気づき、張りつめた気持ちが緩んでいる。↓これが正解。右にまとめた通り。

④　家族のための仕事は正しいものであると信じてきたので、その重要性を理解しようとしない兄に対

して、憤りを抑えがたくなっている。↓「信じてきた」は微妙だが「憤り」は表現されていない。

⑤ 家族のための仕事が自分には楽しいものとは思えないうえ、兄に冷やかされながらその仕事を続けなければならないので、投げやりな気分になっている。↓道子は進んで縫い物をしていると思われるので、「楽しくない」とか「続けなければならない」とは思っていない。

正解は③。できたかな。

【補説】詩・短歌の読解

共通テストのモデル問題や第二回プレテストには、詩や短歌が出題されている。小説の問題が減る分、こうした韻文が出題される可能性が高いと思われる。学校の授業ではあまり扱わないので、読解法を簡単にまとめておこう。

詩の読解

詩とは何を表現したものなのか。
例えば、「鈴」と「小鳥」を見ても、普通の人なら「音色がきれい」「かわいい」としか思わないが、詩人ならばこうなる。

私が両手をひろげても、
お空はちっとも飛べないが、
飛べる小鳥は私のやうに、
地面《じべた》を速くは走れない。
私がからだをゆすっても、

きれいな音は出ないけど、
あの鳴る鈴は私のやうに、
たくさんな唄は知らないよ。
鈴と、小鳥と、それから私、
みんなちがって、みんないい。

金子みすゞ「私と小鳥と鈴と」

作者・金子みすゞは、自分と小鳥と鈴を対比することで、人間や動物のみならず無機物に対しても温かな眼差しを向け、すべてのものに同等の価値があると述べている。つまり、こういうことだ。

Point

詩には、特定の事物に対する「筆者特有の感性」が表現されている。

それを理解するために、次の作業を行う。

1　タイトルを確認する。すべてではないが、これでおおよその内容がわかる。

↓この詩ならば「私と小鳥と鈴と」というタイトルにテーマが示唆されている。

2　筆者は自分の思いを伝えるために様々な表現法を使うので、対比、繰り返し、比喩、擬人法、倒置、体言止め等に注意する。表現技法が用いられている部分に筆者の主張がある場合が多い。

↓この詩では「私」と「小鳥」、「私」と「鈴」が対比され、この対比が繰り返されることで、それぞれの価値が述べられている。また、「あの鳴る鈴は私のやうに、たくさんな唄は知らないよ」の部分では擬人法によって、無機物に対する優しい気持ちが表現されている。

3　どんな対象に対して、どのように捉えているかを理解する。その際、筆者の捉え方は普通の人にはないものであることに留意する。

↓この詩では、「私と小鳥と鈴」に対して「同等の価値がある素晴らしいもの」だと捉えている。

短歌の読解

Ｐ２２５の「和歌の読解」を参考にしてほしい。

実践演習1

では、実際に問題を解いてみよう。第一回プレテストから新傾向の問題を二問紹介する。

次の文章は、複数の作家による『捨てる』という題の作品集に収録されている光原百合《みつはらゆり》の小説「ツバメたち」の全文である。この文章を読んで、後の問いに答えよ。なお、本文の上の数字は行数を示す。

〈一羽のツバメが渡りの旅の途中で立ち寄った町で、「幸福な王子」と呼ばれる像と仲良くなった。王子は町の貧しい人々の暮らしぶりをツバメから聞いて心を痛め、自分の体から宝石や金箔《きんぱく》を外して配るよう頼む。冬が近づいても王子の願いを果たすためにその町にとどまっていたツバメは、ついに凍え死んでしまった。それを知った王子の心臓は張り裂けた。金箔をはがされてみすぼらしい姿になった王子の像は溶かされてしまうが、二つに割れた心臓だけはどうしても溶けなかった。ツバメの死骸と王子の心臓は、ともにゴミ捨て場に捨てられた。その夜、「あの町からもっとも尊いものを二つ持ってきなさい」と神に命じられた天使が降りてきて、ツバメと王子の心臓を抱き、天国へと持ち帰ったのだった。

オスカー・ワイルド作「幸福な王子」より〉

遅れてその町にやってきた若者は、なんとも風変わりだった。つやのある黒い羽に敏捷《びんしょう》な身のこなし、実に見た目のいい若者だったから、南の国にわたる前、最後の骨休めをしながら翼の力をたくわえているあたしたちの群れに、問題なく受け入れられた。あたしの友だちの中にも彼に興味を示すものは何羽もいた。でも、彼がいつも夢のようなことばかり語るものだから――今まで見てきた北の土地について、これから飛んでいく南の国について、遠くを見るようなまなざしで語るばかりだったから、みんなそのうち興味をなくしてしまった。来年、一緒に巣をこしらえて子どもを育てる連れ合いには、そこらを飛んでいる虫を素早く見つけてたくさんつかまえてくれる若者がふさわしい。

遠くを見るまなざしなど必要ない。

とはいえ嫌われるほどのことではないし、厳しい渡りの旅をともにする仲間は多いに越したことはないので、彼はあたしたちとそのまま一緒に過ごしていた。

そんな彼が翼繁《しげ》く通っていたのが、丘の上に立つ像のところだった。早くに死んでしまった身分の高い人間、「王子《プリンス》」と人間たちは呼んでいたが、その姿に似せて作った像だということだ。遠くからでもきらきら光っているのは、全身に金が貼ってあって、たいそう高価な宝石も使われているからだという。あたしたちには金も宝石も用はないが。

人間たちはこの像をひどく大切にしているようで、何かといえばそのまわりに集まって、列を作って歩くやら歌うやら踊るやら、仰々しく騒いでいた。

彼はその像の肩にとまって、あれこれとおしゃべりするのが好きなようだった。王子の像も嬉《うれ》しそうに応じていた。

「一体何を、あんなに楽しそうに話しているの？」

彼にそう聞いてみたことがある。

「僕の見てきた北の土地や、まだ見ていないけれど話に聞く南の国のことをね。あの方はお気の毒に、人間として生きていらした間も、身分が高いせいでいつもお城の中で守られていて、そう簡単にはよその土地に行けなかったんだ。憧れていた遠い場所の話を聞けるのが、とても嬉しいと言ってくださってる」

「そりゃよかったわね」

あたしたちには興味のない遠い土地の話が、身分の高いお方とやらには嬉しいのだろう。誇らしげに話す彼の様子が腹立たしく、あたしはさっさと朝食の虫を捕まえに飛び立った。

やがて彼が、王子と話すだけでなく、そこから何かをくわえて飛び立って、町のあちこちに飛んでいく姿をよく見かけるようになった。南への旅立ちも近いというのに一体何をしているのか、あたしには不思議でならなかった。

風は日増しに冷たくなっていた。あたしたちの群れの長老が旅立ちの日を決めたが、それを聞いた彼は、自分は行かない、と答えたらしい。自分に構わず発《た》ってくれと。

仲間たちは皆、彼のことは放っておけと言ったが、あたしは気になった。いよいよ明日は渡りに発つという日、あたしは彼をつかまえ、逃げられないよう足を踏んづけておいてから聞いた。ここで何をしているのか、なにをするつもりなのか。

彼はあたしの方は見ずに、丘の上の王子の像を遠く眺めながら答えた。

「僕はあの方を飾っている宝石を外して、それから体に貼ってある金箔をはがして、貧しい人たちに持って行っているんだ。あの方に頼まれたからだ。あの方は、この町の貧しい人たちが食べ物も薪《まき》も薬も買えずに苦しんでいることを、ひどく気にしておられる。こんな悲しいことを黙って見ていることはできない、けれどご自分は台座から降りられない。だから僕にお頼みになった。僕が宝石や金箔を届けたら、おなかをすかせた若者がパンを、凍える子どもが薪を、病気の年寄りが薬を買うことができるんだ」

あたしにはよくわからなかった。

「どうしてあなたが、それをするの？」

「誰かがしなければならないから」

「だけど、どうしてあなたが、その『誰か』なの？　なぜあなたがしなければならないの？　ここにいたのでは、長く生きられないわよ」

あたしは重ねて聞いた。彼は馬鹿にしたような目で、ちらっとあたしを見た。

「君なんかには、僕らのやっていることの尊さはAわからないさ」

腹が立ったあたしは「勝手にすれば」と言って、足をのけた。彼ははばたいて丘の上へと飛んで行った。

あたしはそれをただ見送った。

長い長い渡りの旅を終え、あたしたちは南の海辺の町に着いた。あたしは数日の間、海を見下ろす木の枝にとまって、沖のほうを眺めていた。彼が遅れて飛んで来はしないかと思ったのだ。しかし彼が現れることはなく、やがて嵐がやって来て、数日の間海を閉ざした。

この嵐は冬の到来を告げるもので、北の町はもう、あたしたちには生きていけない寒さになったはずだと、年かさのツバメたちが話していた。

彼もきっと、もう死んでしまっているだろう。

彼はなぜ、あの町に残ったのだろうか。貧しい人たちを救うため、自分ではそう思っていただろう。あたしなどにはそんな志はわからないのだと。でも本当のところは、大好きな王子の喜ぶ顔を見たかっただけではないか。

そうして王子はなぜ、彼に使いを頼んだのだろう。貧しい人たちを救うため、自分ではそう思っていただろう。でも……。

まあいい。どうせあたしにはBわからない、どうでもいいことだ。春になればあたしたちは、また北の土地に帰っていく。あたしはそこで、彼のような遠くを見るまなざしなど持たず、近くの虫を見つけてせっせとつかまえ、子どもたちを一緒に育ててくれる若者と所帯を持つことだろう。

それでも、もしまた渡りの前にあの町に寄って「幸福な王子」の像を見たら、聞いてしまうかもしれない。

あなたはただ、自分がまとっていた重いものを、捨てたかっただけではありませんか。そして、命を捨てても自分の傍《そば》にいたいと思う者がただひとり、いてくれればいいと思ったのではありませんか――と。

（光原百合他『捨てる』による。）

問１　傍線部Ａ「わからないさ」及び傍線部Ｂ「わからない」について、「彼」と「あたし」はそれぞれどのような思いを抱いていたか。その説明として最も適当なものを、傍線部Ａについては次の【Ⅰ群】の①～③のうちから、傍線部Ｂについては後の【Ⅱ群】の①～③のうちから、それぞれ一つずつ選べ。

【Ⅰ群】

①　南の土地に渡って子孫を残すというツバメとしての生き方に固執し、生活の苦しさから救われようと「王子」の像にすがる町の人々の悲痛な思いを理解しない「あたし」の利己的な態度に、軽蔑の感情を隠しきれない。

② 町の貧しい人たちを救おうとする「王子」と、命をなげうってそれを手伝う自分を理解するどころか、その行動を自己陶酔だと厳しく批判する「あたし」に、これ以上踏み込まれたくないと嫌気がさしている。

③ 群れの足並みを乱させまいとどう喝する「あたし」が、暴力的な振る舞いに頼るばかりで、「王子」の行いをどれほど熱心に説明しても理解しようとする態度を見せないことに、裏切られた思いを抱き、失望している。

【Ⅱ群】

① 「王子」の像を金や宝石によって飾り、祭り上げる人間の態度は、ツバメである「あたし」にとっては理解できないものであり、そうした「王子」に生命をかけて尽くしている「彼」のこともまたいまだに理解しがたく感じている。

② 無謀な行動に突き進んでいこうとする「彼」を救い出す言葉を持たず、暴力的な振る舞いでかえって「彼」を突き放してしまったことを悔い、これから先の生活にもその後悔がついて回ることを恐れている。

③ 貧しい人たちを救うためというより、「王子」に尽くすためだけに「彼」は行動しているに過ぎないと思っているが、「彼」自身の拒絶によってふたりの関係に介入することもできず、割り切れない思いを抱えている。

問2　この小説は、オスカー・ワイルド「幸福な王子」のあらすじの記載から始まっている。この箇所（X）とその後の文章（Y）との関係はどのようなものか。その説明として適当なものを、次の①〜⑥のうちから二つ選べ。

①　Xでは、神の視点から「一羽のツバメ」と「王子」の自己犠牲的な行為が語られ、最後には救済が与えられることで普遍的な博愛の物語になっている。ツバメたちの視点から語り直すYは、Xに見られる神の存在を否定した上で、「彼」と「王子」のすれ違いを強調し、それによってもたらされた悲劇へと読み替えている。

②　Xの「王子」と「一羽のツバメ」の自己犠牲は、人々からは認められなかったものの、最終的には神によってその崇高さを保証される。Yでも、献身的な「王子」に「彼」が命を捨てて仕えただろうことが暗示されるが、その理由はいずれも、「あたし」によって、個人的な願望に基づくものへと読み替えられている。

③　Yでは、「あたし」という感情的な女性のツバメの視点を通して、理性的な「彼」を批判し、超越的な神の視点も破棄している。こうして、「一羽のツバメ」と「王子」の英雄的な自己犠牲が神によって救済されるというXの幸福な結末を、「あたし」の介入によって、救いのない悲惨な結末へと読み替えている。

④ Yには、「あたし」というツバメが登場し、「王子」に向けた「彼」の言動の不可解さに言及する「あたし」の心情が中心化されている。「一羽のツバメ」と「王子」が誰にも顧みられることなく悲劇的に終わるXを、Yは、「彼」と家庭を持ちたいという「あたし」の思いの成就を暗示する恋愛物語へと読み替えている。

⑤ Xは、愚かな人間たちによって捨てられた「一羽のツバメ」の死骸と「王子」の心臓が、天使によって天国に迎えられるという逆転劇の構造を持っている。その構造は、Yにおいて、仲間によって見捨てられた「彼」の死が「あたし」によって「王子」のための自己犠牲として救済されるという、別の逆転劇に読み替えられている。

⑥ Xでは、貧しい人々に分け与えるために宝石や金箔を外すという「王子」の自己犠牲的な行為は、「一羽のツバメ」の献身とともに賞賛されている。それに対して、Yでは、「王子」が命を捧げるように「彼」に求めつつ、自らは社会的な役割から逃れたいと望んでいるとして、捨てるという行為の意味が読み替えられている。

解説

問1　まずA「わからないさ」から「彼」の気持ちを考えてみよう。小説は場面ごとに分かれているので、40行~58行にかけての「行動・台詞・心情表現」をまとめてみる。

行動と心情表現　「あたし」が「なぜあなたがしなければならないの」というので

彼は「馬鹿にしたような目で、ちらっとあたしを見た」

傍線部の表現から「彼」が自分の崇高な行為を理解しない「あたし」を見下して、苛立ちや諦めを抱き、相手にしたくないと思っているのがわかる。

台詞　「君なんかには……わからないさ」

ここにも「あたし」と距離を置こうとしている気持ちが表れている。

以上から選択肢を考えてみよう。

【Ⅰ群】

① 南の土地に渡って子孫を残すというツバメとしての生き方に固執し、生活の苦しさから救われようと「王子」の像にすがる町の人々（町の人々が自ら「王子」にすがっているのではない）の悲痛な思いを理解しない「あたし」の利己的な態度に（「あたし」が理解しないのは町の人々の気持ちではなく、「彼」の行為である）、軽蔑の感情を隠しきれない。

② 町の貧しい人たちを救おうとする「王子」と、命をなげうってそれを手伝う自分を理解するどころか、その行動を自己陶酔だと厳しく批判する（そのような表現はない）「あたし」に、これ以上踏み込まれたくないと嫌気がさしている。

③ 群れの足並みを乱させまいとどう喝する「あたし」（恫喝まではしていない）が、暴力的な振る舞いに頼るばかりで（足を踏んづけたが、「暴力的な振る舞いに頼るばかり」とは言えない）、「王子」の行いをどれほど熱心に説明しても理解しようとする態度を見せないことに、裏切られた思いを抱き、失望している。

つまり、この問題には正解がない。――なんてことはないので、解答を見ると、答えは②となっている。「え？『あたし』が自己陶酔だと彼を批判した場面なんてないぞ」と思うだろうが、次の場面の67～69行にはこうある。

> 貧しい人たちを救うため、自分ではそう思っていただろう。……でも本当のところは、大好きな王子の喜ぶ顔を見たかっただけではないか。

「彼」と別れてから、「あたし」は「彼」が自己満足のためにあんな行為をしたのではないかと思っているのだ。これが②の根拠である。

しかし、傍線部Aとは場面が変わっており、後になってから「あたし」が思ったことだという反論も成り立つ。その意味でこの問題には粗《あら》があり、完成しているとはいえないが、根拠を別の場面に求めたことには注意してほしい。

つまり、共通テストでは、これまでの解法では解けない問題が出ることを示唆しているのだ。みんなはこれを踏まえて、柔軟な対応をしてほしい。

正解は②。

ではBの「わからない」を見てみよう。

「彼」と別れてから「あたし」が「彼」のことを回想する場面だ。

行動　回想場面なので特になし。

心情表現（台詞）

「本当のところは、大好きな王子の喜ぶ顔を見たかっただけではないか」「まあいい。どうせあたしにはわからない、どうでもいいことだ」

「彼」の献身的な行為を自己満足にすぎないものだと思い、傍線部の連用修飾語や「どうでもいいことだ」という表現から、「彼」の世界に入り込めなかったことへの諦観が読み取れる。

【Ⅱ群】

① 「王子」の像を金や宝石によって飾り、祭り上げる人間の態度は、ツバメである「あたし」にとっては理解できないものであり（＝「わからない」のは人間の態度のことではない）、そうした「王子」に生命をかけて尽くしている「彼」のこともまたいまだに理解しがたく感じている。

② 無謀な行動に突き進んでいこうとする「彼」を救い出す言葉を持たず、暴力的な振る舞いでかえって「彼」を突き放してしまった（足を踏んだことで「彼」を突き放したわけではない）ことを悔い、これから先の生活にもその後悔がついて回ることを恐れている。（このような描写もない）

③ 貧しい人たちを救うためというより、「王子」に尽くすためだけに「彼」は行動しているに過ぎないと思っているが、「彼」自身の拒絶によってふたりの関係に介入することもできず、割り切れない思いを抱えている。（右に分析した通り）

正解は③（Ⅰ、Ⅱを合わせた正答率は24・8％）。
正答率が低いのは、Ⅰ群の問題に難があったからだろう。本番ではこのレベルで、もっと練られた問題が出されるはずだ。

問2
2つの文章を読み比べる問題である。各選択肢を分析してみよう。

① Xでは、神の視点（第三者の視点から語られている）から「一羽のツバメ」と「王子」の自己犠牲的な行為が語られ、最後には救済が与えられることで普遍的な博愛の物語になっている。ツバメたちの視点から語り直すYは、Xに見られる神の存在を否定した上で（神の存在を否定していない）、「彼」と「王子」のすれ違いを強調し、それによってもたらされた悲劇へと読み替えている（本文に書かれていない）。

② Xの「王子」と「一羽のツバメ」の自己犠牲は、人々からは認められなかったものの、最終的には神によってその崇高さを保証される。Yでも、献身的な「王子」に「彼」が命を捨てて仕えただろうことが暗示されるが、その理由はいずれも、「あたし」によって、個人的な願望に基づくものへと読み替えられている。↓本文の通り。

③　Yでは、「あたし」という感情的な女性のツバメの視点を通して、理性的な「彼」を批判し、超越的な神の視点も破棄している（このような描写はない）。こうして、「一羽のツバメ」と「王子」の英雄的な自己犠牲が神によって救済されるというXの幸福な結末を、「あたし」の介入によって、救いのない悲惨な結末へと読み替えている（「救いのない悲惨な結末」とまでは言えない）。

④　Yには、「あたし」というツバメが登場し、「王子」に向けた「彼」の言動の不可解さに言及する「あたし」の心情が中心化されている。「一羽のツバメ」と「王子」が誰にも顧みられることなく悲劇的に終わる（神によって救済されている）Xを、Yは、「彼」と家庭を持ちたいという「あたし」の思いの成就を暗示する恋愛物語へと読み替えている（「あたし」の思いは成就しないし、恋愛物語にもなっていない）。

⑤　Xは、愚かな人間たちによって捨てられた「一羽のツバメ」の死骸と「王子」の心臓が、天使によって天国に迎えられるという逆転劇の構造を持っている。その構造は、Yにおいて、仲間によって見捨てられた「彼」の死が「あたし」によって「王子」のための自己犠牲として救済されるという、別の逆転劇に読み替えられている（「彼」は仲間によって見捨てられたりしないし、「あたし」によって救済されたりしない）。

⑥　Xでは、貧しい人々に分け与えるために宝石や金箔を外すという「王子」の自己犠牲的な行為は、「一羽のツバメ」の献身とともに賞賛されている。それに対して、Yでは、「王子」が命を捧げるように「彼」に求めつつ、自らは社会的な役割から逃れたいと望んでいるとして、捨てるという行為の意味が読み

替えられている。↓本文の通り。Xでは自己犠牲としての「捨てる」が、Yでは社会的責任を「捨てる」と読み替えられている。

正解は②⑥（正答率は19・0％）。

極端に正答率が低いのは、複数の文章を対比させながら読むことに慣れていないからだろう。共通テストではこの種の問題が現古漢すべてにおいて出されるので、模擬問題等で練習を積んでおこう。

（演習問題は次のページに続く）

実践演習2

では、第二回プレテストを解いてみよう。この問題は共通テストの傾向を端的に表しているので、じっくりと考えてほしい。

次の詩「紙」(『オンディーヌ』、一九七二年)とエッセイ「永遠の百合《ゆり》」(『花を食べる』、一九七七年)を読んで(ともに作者は吉原幸子《よしはらさちこ》)、後の問い(問1～6)に答えよ。なお、設問の都合でエッセイの本文の段落に[1]～[8]の番号を付し、表記を一部改めている。(配点50)

紙

愛ののこした紙片が
しらじらしく　ありつづけることを
（ア）いぶかる

書いた　ひとりの肉体の
重さも　ぬくみも　体臭も
いまはないのに

こんなにも
もえやすく　いのちをもたぬ
たった一枚の黄ばんだ紙が
こころより長もちすることの　不思議

いのち　といふ不遜
一枚の紙よりほろびやすいものが
A何百枚の紙に　書きしるす　不遜

死のやうに生きれば
何も失はないですむだらうか
この紙のやうに　生きれば

さあ
ほろびやすい愛のために
乾杯
のこされた紙片に
乾杯
いのちが
蒼《あお》ざめそして黄ばむまで
（いのちでないものに近づくまで）
乾杯！

永遠の百合

[1]あまり生産的とはいえない、さまざまの優雅な(イ)手すさびにひたれることは、女性の一つの美点でもあり、(何百年もの涙とひきかえの)特権であるのかもしれない。近ごろはアート・フラワーという分野も颯爽《さっそう》とそれに加わった。

[2]去年の夏、私はある古い友だちに、そのような〝匂わない〟百合の花束をもらった。「秋になったら捨てて頂戴ね」という言葉を添えて。

[3]私はびっくりし、そして考えた。これは謙虚か、傲慢か、ただのキザなのか。そんなに百合そっくりのつもりなのか、そうでないことを恥じているのか。人間が自然を真似《まね》る時、決して自然を超える自信がないのなら、いったいこの花たちは何なのだろう。心こめてにせものを造る人たちの、ほんものにかなわないという(ウ)いじらしさと、生理まで似せるつもりの思い上がりと。

[4]枯れないものは花ではない。それを知りつつ枯れない花を造るのが、Bつくるということではないのか。——花そっくりの花も、花より美しい花もあってよい。それに香水をふりかけるもよい。だが造花が造花である限り、たった一つできないのは枯れることだ。そしてまた、たった一つできるのは枯れないことだ。

[5]花でない何か。どこかで花を超えるもの。大げさに言うなら、ひと夏の百合を超える永遠の百合。それをめざす時のみ、つくるという、真似るという、不遜な行為は許されるのだ。(と、私はだんだん昂奮《こうふん》して

くる。）

6 絵画だって、ことばだってそうだ。一瞬を永遠のなかに定着する作業なのだ。個人の見、嗅いだものをひとつの生きた花とするなら、それはすべての表現にまして C 在るという重みをもつに決まっている。あえてそれを花を超える何かに変える――もどす――ことがたぶん、描くという行為なのだ。そのひそかな夢のためにこそ、私もまた手をこんなにノリだらけにしているのではないか。もし、もしも、ことばによって私の一瞬を枯れない花にすることができたら！

7 ――ただし、（と D 私はさめる。秋になったら……の発想を、はじめて少し理解する。）「私の」永遠は、たかだかあと三十年――歴史上、私のような古風な感性の絶滅するまでの短い期間――でよい。何故《なぜ》なら、（ああ何という不変の真理！）死なないものはいのちではないのだから。

8 私は百合を捨てなかった。それは造ったものの分までうしろめたく蒼ざめながら、今も死なないまま、私の部屋に立っている。

問１　傍線部（ア）～（ウ）の本文中における意味として最も適当なものを、次の各群の①～⑤のうちから、それぞれ一つずつ選べ。

（ア）「いぶかる」
① うるさく感じる　② 誇らしく感じる
③ 冷静に考える　④ 気の毒に思う
⑤ 疑わしく思う

（イ）「手すさび」
① 思いがけず出てしまう無意識の癖　② 多くの労力を必要とする創作
③ いつ役に立つとも知れない訓練　④ 必要に迫られたものではない遊び
⑤ 犠牲に見合うとは思えない見返り

（ウ）「いじらしさ」
① 不満を覚えず自足する様子　② 自ら蔑み萎縮している様子
③ けなげで同情を誘う様子　④ 配慮を忘れない周到な様子

⑤　見るに堪えない悲痛な様子

問2　傍線部A「何百枚の紙に　書きしるす　不遜」とあるが、どうして「不遜」と言えるのか。エッセイの内容を踏まえて説明したものとして最も適当なものを、次の①～⑤のうちから一つ選べ。

①　そもそも不可能なことであっても、表現という行為を繰り返すことで、あたかも実現が可能なように偽るから。

②　はかなく移ろい終わりを迎えるほかないものを、表現という行為を介して、いつまでも残そうとたくらむから。

③　心の中にわだかまることからも、表現という行為を幾度も重ねていけば、いずれは解放されると思い込むから。

④　空想でしかあり得ないはずのものを、表現という行為を通じて、実体として捉えたかのように見せかけるから。

⑤　滅びるものの美しさに目を向けず、表現という行為にこだわることで、あくまで永遠の存在に価値を置くから。

問3　傍線部B「つくるということ」とあるが、その説明として最も適当なものを、次の①～⑤のうちから一つ選べ。

① 対象をあるがままに引き写し、対象と同一化できるものを生み出そうとすること。
② 対象を真似てはならないと意識をしながら、それでもにせものを生み出そうとすること。
③ 対象に謙虚な態度で向き合いつつ、あえて類似するものを生み出そうとすること。
④ 対象を真似ながらも、どこかに対象を超えた部分をもつものを生み出そうとすること。
⑤ 対象の捉え方に個性を発揮し、新奇な特性を追求したものを生み出そうとすること。

問4　傍線部C「在るという重み」とあるが、その説明として最も適当なものを、次の①～⑤のうちから一つ選べ。

① 時間的な経過に伴う喪失感の深さ。
② 実物そのものに備わるかけがえのなさ。
③ 感覚によって捉えられる個性の独特さ。

④ 主観の中に形成された印象の強さ。
⑤ 表現行為を動機づける衝撃の大きさ。

問5　傍線部D「私はさめる」とあるが、その理由として最も適当なものを、次の①〜⑤のうちから一つ選べ。

① 現実世界においては、造花も本物の花も同等の存在感をもつことを認識したから。
② 創作することの意義が、日常の営みを永久に残し続けることにもあると理解したから。
③ 花をありのままに表現しようとしても、完全を期することはできないと気付いたから。
④ 作品が時代を超えて残ることに違和感を抱き、自分の感性も永遠ではないと感じたから。
⑤ 友人からの厚意を理解もせずに、身勝手な思いを巡らせていることを自覚したから。

問6　詩「紙」とエッセイ「永遠の百合」の表現について、次の（ⅰ）・（ⅱ）の問いに答えよ。

（ⅰ）次の文は詩「紙」の表現に関する説明である。文中の空欄 a ・ b に入る語句の組合せとして最も適当なものを、後の①～④のうちから一つ選べ。

> 対比的な表現や a を用いながら、第一連に示される思いを b に捉え直している。

① a—擬態語　b—演繹《えんえき》的
② a—倒置法　b—反語的
③ a—反復法　b—帰納的
④ a—擬人法　b—構造的

（ⅱ）エッセイ「永遠の百合」の表現に関する説明として最も適当なものを、次の①～④うちから一つ選べ。

① 第4段落における「たった一つできないのは枯れることだ。そしてまた、たった一つできるのは枯

れないことだ」では、対照的な表現によって、枯れないという造花の欠点が肯定的に捉え直されている。

② 第5段落における「(と、私はだんだん昂奮してくる。)」には、第三者的な観点を用いて「私」の感情の高ぶりが強調されており、混乱し揺れ動く意識が臨場感をもって印象づけられている。

③ 第6段落における「――もどす――」に用いられている「――」によって、「私」の考えや思いに余韻が与えられ、「花」を描くことに込められた「私」の思い入れの深さが強調されている。

④ 第7段落における「『私の』永遠」の「私の」に用いられている「 」には、「永遠」という普遍的な概念を話題に応じて恣意的に解釈しようとする「私」の意図が示されている。

解説

問1

（ア）⑤（正答率39・8％）　（イ）④（正答率39・4％）　（ウ）③（正答率39・1％）

配点は各3点。

日常的に使われる語なのに、意外と正答率が低い。語意の問題は日ごろの言語生活が問われるので、本や新聞等を読むようにしよう。

問2

P110の「詩・短歌の読解」のコツに従って、この詩を理解してみよう。

まずタイトルは「紙」なので、紙に対して作者独自の捉え方を書いたものだとわかる。

続いて、第二連〜第三連までの表現技法に着目すると、「いのちをもたぬたった一枚の黄ばんだ紙が」「こころより長もちすることの　不思議」とあり、命に限りある人間といつまでも存在する紙を対比しているのがわかる。四連では「不遜（身のほどを知らないこと、思い上がり）」が繰り返されているので、この気持ちが第四連までの中心的な心情になる。さらに、傍線部Aとその前の部分から「命に限りのある人間が、自分の思いを紙に書いて（表現して）、それを永遠に残そうとすること」が「不遜」だと述べているので、正解は②となる。（「連」とは行のかたまりを示す。散文における段落のようなもの）

正解は②（正答率59・5％）。配点は8点。

「不遜」という語のニュアンスがつかめれば、答えられるはずだ。ここでも、語意を知っていることが大きなポイントになっている。

問3

傍線部Bの上に「それ」があることに着目する。「それ」とは「枯れないものは花ではない」ということである。つまり「枯れないものは花ではないことを知りつつ花を造るのが、つくるということだ」と述べた上で、「花より美しい花もあってよい」「どこかで花を超えるもの……それをめざす時のみ、つくるという、真似るという、不遜な行為は許されるのだ」とあるので、生花を超えるものを作り出そうとしているのだ。

正解は④（正答率64・7％）。配点は6点。

問4

この問題も傍線部Cの上に「それ」があることに着目する。この場合の「それ」は「個人の見、嗅いだものが生きた花として実在化したと仮定されたもの」であり、それがすべての表現にまして在るという重みをもつと述べているのだから、実在性のある②が正解となる。①「喪失感」、③「個性の独特さ」、④「印象の強さ」⑤「衝撃の大きさ」はどれも実在性を持たないので不適切。

正解は②（正答率46・8％）。配点は7点。

問5

「秋になったら……」とは、友人の言った「秋になったら捨てて頂戴ね」という言葉を示す。友人は、百合の枯れる秋になったら造花の価値がなくなると思って、「秋になったら捨ててほしい」と述べたのだ。私はそれを理解し、『私の』永遠は、たかだかあと三十年でよい。（中略）何故なら、死なないものはいのちではない」とあるように、永遠の命を持つことに違和感を抱き、造花を作ることに「さめて」しまうのだ。

以上から選択肢を見てみよう。

①　現実世界においては、造花も本物の花も同等の存在感をもつ（同等の価値を持つとは書かれていない）ことを認識したから。
②　創作することの意義が、日常の営みを永久に残し続けることにもある（限りある命しか持たない筆者が「日常の営みを永久に残し続けること」に違和感を抱いているのである）と理解したから。
③　花をありのままに表現しようとしても、完全を期することはできないと気付いたから（作者は花を超えるものを作ることにさめているのである）。
④　作品が時代を超えて残ることに違和感を抱き、自分の感性も永遠ではないと感じたから。↓本文の通り。
⑤　友人からの厚意を理解もせずに、身勝手な思いを巡らせている（友人の厚意は理解しており、身勝手な思いを巡らせているわけではない）ことを自覚したから。

正解は④（正答率55・1％）。配点は8点。

ここまではセンター試験とほぼ同じ形式の問題だ。過去問演習を繰り返すことで、正答率は上がってくるだろう。

問6
新傾向の問題なので、詳しく説明しよう。

（ⅰ）

【aについて】

表現技法については、倒置法、反復法、擬人法がある。

【倒置法】 本来ならば二連→一連となる。

一連「愛ののこした紙片がしらじらしくありつづけることをいぶかる」

二連「書いたひとりの肉体の重さもぬくみも体臭もいまはないのに」

【反復法】「不遜」「生きれば」「乾杯」の繰り返し。

【擬人法】「いのちが蒼ざめそして黄ばむまで」「紙片がしらじらしくありつづける」

【擬態語】 なし。

【bについて】

まず、「第一連に示される思い」を考えてみる。

「愛ののこした紙片」とは恋人や夫の書いた恋文のようなものであろう。「しらじらしく」とあるので、別れた後に手元に残っているのだと推測できる。「いぶかる」という表現やその後の描写から、書いた人の存在がないのに書かれたものだけが残っていることに違和感を抱いているのだろう。

この思いは、四連の傍線Aで「命に限りのある者が、書き記すことによって自分の思いを永遠のものにしようとするのは不遜（思い上がり）ではないのか」と表現されている。

続く五連は難解なので、詳しく解説しよう。

「この紙のように生きれば」という比喩は、三連に「いのちをもたぬたった一枚の黄ばんだ紙」とあるように「紙＝いのちをもたないもの」であり、「いのちを持たなければ」と読める。これは「死のように生きれば」と同義であり、「いのちを持たなければ、何も失わないですむのではないだろうか」ということである。しかし、作者は限りある命を持ち、失うものがたくさんある。それはおそらく、今を生きる筆者の思いや感性であろう。

だからこそ筆者は「ほろびやすい愛のために」「のこされた紙片に」「いのちでないものに近づくまで（永遠に残るように）」自分の思いを書き記そうとしているのだ。

六連には「乾杯」が3回も繰り返され、最後には感嘆符もついている。「乾杯」とは「対象を肯定し、祝うこと」なので、自分の思いや感性を書き記そうという筆者の気持ちが、主観的に強調されている。

一連では、書き記したものが残っていることに違和感を抱きながらも、結局は書き記そうと強く思っているので、双方の関係は「反語的」になる。

正解は②（正答率22・1％）。配点は6点。

比喩や対比、繰り返しの意味を理解した上で、心情の流れを把握しないと解けないので、かなり難しい問題である。正答率も低いので、本番で同種の問題が出た場合は、もう少し平易になると思われる。

(ii)

各選択肢を見てみよう。

① 第4段落における「たった一つできないのは枯れることだ。そしてまた、たった一つできるのは枯れないことだ」では、対照的な表現によって、枯れないという造花の欠点が肯定的に捉え直されている。↓「できる」というのは肯定的表現であり、第5段落では「永遠の百合」を作ろうとしているので、これが正しい。

② 第5段落における「(と、私はだんだん昂奮してくる。)」には、第三者的な観点を用いて（あくまで主観的で第三者的ではない）「私」の感情の高ぶりが強調されており、混乱し揺れ動く意識が（昂ってくるだけで、混乱していないし、揺れ動いてもいない）臨場感をもって印象づけられている。

③　第6段落における「――もどす――」に用いられている「――」によって、「私」の考えや思いに余韻が与えられ、「花」を描くことに込められた「私」の思い入れの深さが強調されている（余韻を与えているのではなく、言い換えている。「花を超える何かに変える」とは、自分の感じた物事の本質を永遠のものにしようとしているので「もどす」と言い換えているのだろう）。

④　第7段落における「『私の』永遠」の「私の」に用いられている「　」には、「永遠」という普遍的な概念を話題に応じて恣意的に解釈しようとする「私」の意図が示されている（私にとっての「永遠」は三十年にすぎないと述べているだけで、「永遠」の概念を変えているわけではない）。

正解は①（正答率33・7％）。配点は6点。

表現や構成の問題は出題される可能性が高い。センター試験にもこの種の問題は多く出されてきたので、過去問演習が有効だ。

以上で、現代文編は終わりだ。共通テストになって最も変わるのは現代文（大問1と大問2）なので、本書で述べたことを理解した上で、問題演習を積んでほしい。

2日目

古文編

受験史上初、「出る順」単語表を掲載！　頻出の古語・助動詞・敬語・助詞をおさえて得点を稼ごう！

基礎　覚えるべきことは覚えよう！

続いて古文編だ。

共通テストの古文はどんな問題になるのか。モデル問題と二つのプレテストを見てみよう。

●モデル問題

問題文は二つの文章からなる。

【文章Ⅰ】平家物語「忠度都落《ただのりみやこおち》」の一節。

【文章Ⅱ】「忠度都落」を読んだ二人の対談。

口語訳（解釈）一問（解答数3）、助動詞の識別一問、「千載和歌集《せんざいわかしゅう》」に関する説明一問、【文章Ⅱ】の対談から内容読解二問（解答数3）、対談の表現や構成を問う問題一問。計六問。

●第一回プレテスト

問題文は三つの文章からなる。（P240より全文を掲載し、解説を加えてある）

【文章Ⅰ】藤原定家の整えた『源氏物語』（桐壺の巻）の一節。

【文章Ⅱ】源光行《みつゆき》・親行《ちかゆき》親子が整えた『源氏物語』（桐壺の巻）の一節。

【文章Ⅲ】源親行によって書かれた『原中最秘抄《げんちゅうさいひしょう》』の一節で、【文章Ⅱ】のように本文を整えた時の逸話が記されている。

傍線部の読解、説明三問。歌の説明一問。【文章Ⅰ】【文章Ⅱ】を対比した表現効果一問。【文章Ⅲ】の内容読解一問。計六問。

●第二回プレテスト

問題文は『源氏物語』（手習《てならい》の巻）の一節。心情説明一問。語句の意味一問（解答数3）。内容・人物説明二問。本文に関する会話文一問（解答数2）。計五問。

以上からわかることは――

1　物語、評論、随想、会話文等、複数の文章から出題されるので、それぞれの文章を比較しながら読む力が要求される。

2　文法・口語訳（解釈）・内容読解・文学史・表現や構成等、幅広い分野から出題される。これ

らはセンター試験とほぼ同様の内容である。

3　「知識の理解の質を問う」という観点から問題作成をするので、現代文と同じように推論や考察が要求される。

ということである。

つまり、複数の文章から出題され、センター試験と似た問題が出るが、深い考察が要求される場合もあるということだ。従って、対策としては、**基礎を固めて古文を読めるようにしてから、深い読解ができるように問題演習を積み重ねなければならない**。

しかし、大半の人にとって古文にそれほど時間をかけるのは難しいだろう。古文は200点中50点にすぎないし、他教科の学習もしなければならないのだから、多くの時間を割くのは効率的ではない。

そこで本書の出番だ。

本書では、過去28年間のセンター試験（本試と追試）をすべて分析し、使用頻度によって文法や単語の重要度を決めてある。すべて覚えようとしなくても、頻出単語や頻出文法に絞ってマスターするだけで、7割を目指すことはできるはずだ。

「センター試験に出たからといって、共通テストに出るとは限らないじゃないか」と思う人もいるだろうが、それは違う。どの文章においても単語や文法の使用頻度には共通した傾向があるので、これまでよく出たことは、これからも頻出するのだ。

つまり、本書で覚えたことは、共通テストに限らず、一般入試にも活かすことができるということだ。本書を学ぶ意義をわかってもらえただろうか。

受験を乗り切るには、時間の使い方が大きなポイントになる。限りある時間を有効に使うためにも、本書を有効に活用してほしい。

それでは古文編のスタートだ。

古文編は、「基礎」「読解1」「読解2」の3部構成になっており、「基礎」では、1・重要単語、2・助動詞、3・敬語、4・重要助詞の順に覚えるべきことをまとめておいた。一つ一つ覚えていくことで、古文がより理解できるようになるはずだ。

一、出る順　古文単語150！

「花より単語」と言われるように、**古文読解の基本は単語にある。**単語さえ理解していれば、多少文法がわからなくても大意はつかめるものだ。

受験に必要な古文単語は300語と言われるが、そこまで覚えきれない人のために、頻出単語をまとめておいた。**左の表はこれまでのセンター試験に登場した古文単語を、頻出順に並べたものだ。**1～110までが出題頻度の高い順、残り40はセンター試験に出た回数は少ないが、古文読解に必要な単語だ。

順に覚えつつ、110以降の単語にも目を通しておこう。授業で習った単語もあるので、150語を覚えるのは大したことではないはずだ。

出る順！　古文単語

1 あはれなり
形動　しみじみと胸にしみる情感を表す。しみじみとした情趣がある、かわいい、悲しい、さびしい、など。文章に応じて訳す。

2 いみじ
形　程度が甚だしいことを表す。たいそう（優れている、立派だ、悲しい、ひどいなど）　いい場合にも悪い場合にも使う。意味は文脈判断。

3 かかり
動　このようだ

4 かく
副　このように

5 あやし
形　不思議だ、粗末だ、身分が低い

6 やがて
副　そのまま、すぐに

7 いかで
副　どうして（疑問・反語）
何とかして（願望）

8 ながむ
動　ぼんやりともの思いにふける

9 あはれ
感　ああ

10 あさまし
形　驚きあきれるほどだ、情けない

11 憂し　心憂し　形　つらい、いやだ

12 さすがに　副　そうはいってもやはり

13 をかし　形　趣深い、面白い、滑稽だ、かわいい、美しい

14 え　副　(下に打消を伴って)～できない

15 ことわり　名　道理
ことわりなり　形動　当然だ

16 さらに　副　(下に打消を伴って)まったく、決して～ない

17 頼む　動　(四段)あてにする　(下二段)あてにさせる

---

18 なかなか　副　かえって

19 気色《けしき》　名　様子、思い

20 とく　副　はやく、すでに

21 年ごろ　名　長年

22 なほ　副　やはり、いっそう

23 世　名　男女の仲、世の中

24 いやし　形　身分が低い

25 かなし 形 いとしい、かわいい かなしい

26 口惜し 形 残念だ

27 ちぎり ちぎる 名 約束、前世からの宿縁 動 約束する

28 はづかし 形 (こちらが恥ずかしくなるほど相手が)立派 きまりが悪い 気が引ける

29 ゐる 動 いる、座る、連れる 補動 ～ている

30 うしろめたし 形 気がかりだ、心配だ

31 文《ふみ》 名 手紙、漢詩

32 ものす 動 様々な動詞の代用。「あり・行く・来」が多い

33 ゆかし 形 ～したい(見たい、知りたいなど、文脈で判断)

34 らうたし らうたげなり 形 形動 かわいい

35 あまた 副 たくさん

36 うつくし 形 かわいい、立派だ

37 おどろく おどろかす 動 目を覚ます、気付く 動 起こす、気付かせる

38 こなた 名 こちら

39 やうやう　副　しだいに

40 いとほし　形　気の毒だ、かわいい

41 具《ぐ》す　動　連れる、添える

42 心もとなし　形　気がかりだ、待ち遠しい　はっきりしない

43 はかなし　形　たよりない、むなしい　ちょっとした

44 本意《ほい》　名　かねてからの願い

45 もろともに　副　一緒に

46 やさし　形　優雅だ、けなげだ

47 あし　形　悪い

48 ありつる　連体　さっきの（直前に起きたことを示す）

49 かたじけなし　形　おそれ多い　ありがたい

50 かたみに　副　たがいに

51 かの　連語　あの

52 しるし　形　はっきりしている

53 たがふ　動　相違する、そむく

54 たぐひ　名　仲間、同類の人々やもの

55 つれなし　形　平然としている、冷淡だ

56 なつかし　形　心ひかれる、親しみが持てる

57 ねんごろなり 形動 熱心である、丁寧だ 親しい

58 やむごとなし 形 高貴だ、この上ない

59 あぢきなし 形 どうにもならない つまらない

60 ありし 連体 かつての、以前の（かなり前に起きたことを示す）

61 うたてし 形 いやだ、不快だ

62 おぼつかなし 形 気がかりだ、不安だ、待ち遠しい、ぼんやりしている

63 おもしろし 形 すばらしい、趣深い

64 おろかなり 形動 おろそかだ、いい加減だ（「言ふも」に続けて）言葉で言い尽くせない

65 かしこし 形 すぐれている、おそれ多い

---

66 心やすし 形 安心だ、気楽だ

67 忍ぶ 動 我慢する、人目につかないようにする

68 消息《せうそこ》 名 手紙、訪問

69 つつまし 形 遠慮される、気が引ける

70 な～そ 副詞の呼応 ～してくれるな（禁止）

71 悩む 動 病気になる

72 念ず 動 祈る、我慢する

73 はしたなし 形 中途半端である 不釣り合いだ きまりが悪い

74 めでたし 形 すばらしい

75 をかしげなり　形動　かわいい、優美だ

76 あきらむ　動　明らかにする

77 あくがる　動　さまよい出る、うわの空になる

78 あそばす　動　「す」の尊敬語、演奏なさる、お詠みになる

79 あながちなり　形動　無理やりだ、ひたすらだ、むやみだ

80 あやにくなり　形動　都合が悪い、意地が悪い、ひどい

81 いかが　副　どのように（疑問）、どうして（反語）

82 いかに　副　どんなにか、どのように、どうして

83 いぶかし　形　知りたい、不審だ

84 うつつ　名　現実、正気

85 おこたる　動　病気がよくなる

86 限りなし　形　この上ない

87 北の方　名　奥方、夫人

88 心づくし　名　気をもむこと

89 さばかり　副　それほど、非常に

90 まうく　動　準備する

91 まめやかなり　形動　誠実である、実用的である

92 よしなし　形　つまらない、関係がない

93 わたる　動　行く、来る
　補動　一面に～する、ずっと～し続ける

94 わりなし　形　道理に合わない
並々ではない

95 あだなり　形動　はかない
誠実さがない

96 あらはなり　形動　まる見えだ
明らかだ

97 いかさまなり　形動　どのようだ

98 いとど　副　いっそう

99 いふかひなし　形　言ってもしかたがない、
どうしようもない、
ひどい、取るに足りない

100 いらへ　名　返事

101 うるはし　形　整っていて美しい

---

102 おのづから　副　自然と、たまたま

103 おぼろけなり　形動　並一通りである
格別である

104 かくて　副　こうして

105 かしこまる　動　恐縮する、お詫びを言う
お礼を言う

106 かしづく　動　大切に育てる

107 かたへ　名　片方、傍ら

108 かづく　動　(四段) 褒美をいただく
(下二段) 褒美を与える

109 つれづれなり　形動　退屈だ

110 手《て》　名　筆跡、演奏法

読解に必須！　古文単語

111 あたらし　形　もったいない
112 あてなり　形動　上品だ、身分が高い
113 上《うへ》　名　帝、奥様
114 おくる　動　先立たれる
115 おこなふ　動　仏道修行する、勤行する
116 おとなし　形　大人びている　思慮分別のある
117 かこつ　動　不平を言う
118 かたはらいたし　形　見苦しい、気の毒だ　恥ずかしい
119 きよらなり　形動　美しい
120 心ぐるし　形　気の毒だ、つらい　気がかりだ

---

121 心にくし　形　奥ゆかしい
122 さはる　動　さしつかえる
123 すさまじ　形　興ざめだ、殺風景だ
124 そこら　副　たくさん
125 そばむ　動　横を向く
126 たより　名　機会、ついで、縁故、便宜、頼れるもの
127 つきづきし　形　似つかわしい
128 つごもり　名　月末
129 つとめて　名　早朝、翌朝
130 つらし　形　薄情である、つらい

131 ところせし 形 いっぱいだ、窮屈だ
132 など・などて 副 どうして
133 なのめなり 形動 並一通りだ、いい加減だ
134 なべて 副 総じて、普通
135 なまめかし 形 優美だ、若々しい
136 なめげなり 形動 無礼だ
137 にほひ 名 つやのある美しさ
138 ののしる 動 大声で騒ぐ、評判になる
139 便《びん》なし 形 都合が悪い 困ったことだ
140 まかる 動 退出する、参ります

---

141 ままに 連語 ～につれて、～ままに ～ので、～とすぐに
142 まもる 動 じっと見つめる
143 むつかし 形 うっとうしい
144 めざまし 形 気に食わない
145 めづ 動 ほめる、愛する
146 めやすし 形 感じがよい
147 さうざうし 形 物足りない、寂しい
148 ゆゆし 形 不吉である、素晴らしい はなはだしい
149 わびし 形 つらい、興ざめだ
150 をこなり 形動 愚かだ

覚えておきたい！＋α

頻出する「副詞の呼応」

な～そ　～してくれるな（禁止）

え～〔打消〕　～できない（不可能）

よも～じ　まさか～ないだろう

さらに
たえて～〔打消〕
つゆ
まったく～ない
少しも～ない

常識レベルだが確認しておきたい語

■いざ　感　さあ

■いと　副　たいそう、とても（打消を伴って）たいして（～ない）

■かたち　名　容貌

■ことに　副　格別に

■さ　副　そう

■しか　副　そのように

■見ゆ　動　見える、姿を見せる

■夜もすがら　名　一晩中

二、出る順 助動詞活用表

重要単語を覚えたら次は助動詞だ。助動詞が古文読解の要となることは、みんなもわかっているだろう。とはいえ、文法書に載っている助動詞活用表を丸暗記するのは並大抵のことではない。

そこで、本書では頻出順の助動詞活用表を作っておいた。重要単語と同様、**過去のセンター試験をすべて調べ、頻度の高い順に並べてあるので、右から覚えていけば、自然に重要助動詞がマスターできるようになっている**。

意味欄の中で（ ）でくくってあるのは、センター試験ではほとんど使われなかったものだ。難関私大では必要とされる場合もあるが、共通テストだけなら覚えなくてもいいだろう。活用表に関しても、15番目までは完璧に覚えてほしいが、それ以降は飛ばしてもいい。

ただし、使用頻度の低い助動詞も、設問に出る場合があるので、**すべての助動詞において意味と接続は覚えてほしい**。それだけ助動詞は大事だということだ。

1 打消「ず」

2 断定「なり」

3 推量「む」

4 過去「けり」

5 完了「たり」

	未然	連用	終止	連体	已然	命令	意味	接続
1 ず	(ず) / ざら	ず / ざり	ず	ぬ / ざる	ね / ざれ	ざれ	打消	未然形
2 なり	なら	なり / に	なり	なる	なれ	なれ	断定 / 存在	体言 / 連体形
3 む	○	○	む	む	め	○	推量 意志 / 勧誘 仮定 / 婉曲 適当	未然形
4 けり	(けら)	○	けり	ける	けれ	○	過去 / 詠嘆	連用形
5 たり	たら	たり	たり	たる	たれ	たれ	完了 / 存続	連用形

	未然	連用	終止	連体	已然	命令	意味	接続
6 完了「ぬ」	な	に	ぬ	ぬる	ぬれ	ね	完了 強意 (並列)	連用形
7 過去「き」	(せ)	○	き	し	しか	○	過去	連用形
8 推量「べし」	(べく) べから	べく べかり	べし	べき べかる	べけれ	○	推量 意志 可能 当然 命令 適当	終止形 (ラ変型は連体形)
9 完了「り」	ら	り	り	る	れ	れ	完了 存続	サ変の未然形 四段の已然形
10 完了「つ」	て	て	つ	つる	つれ	てよ	完了 強意 (並列)	連用形

	未然	連用	終止	連体	已然	命令	意味	接続
11 受身・尊敬・自発・可能「る」	れ	れ	る	るる	るれ	れよ	受身　尊敬　自発　可能	未然形
12 使役・尊敬「す」	せ	せ	す	する	すれ	せよ	使役　尊敬	未然形
13 使役・尊敬「さす」	させ	させ	さす	さする	さすれ	させよ	使役　尊敬	未然形
14 受身・尊敬・自発・可能「らる」	られ	られ	らる	らるる	らるれ	られよ	受身　尊敬　自発　可能	未然形
15 打消推量「じ」	○	○	じ	じ	(じ)	○	打消推量　打消意志	未然形

	未然	連用	終止	連体	已然	命令	意味	接続
16 現在推量「らむ」	○	○	らむ	らむ	らめ	○	現在推量 現在の原因推量、伝聞、婉曲	終止形 （ラ変型は連体形）
17 推定「めり」	○	めり	めり	める	めれ	○	推定 （婉曲）	終止形 （ラ変型は連体形）
18 打消推量「まじ」	まじく まじから	まじく まじかり	まじ	まじき まじかる	まじけれ	○	打消推量 打消意志　禁止 打消当然 不可能　不適当	終止形 （ラ変型は連体形）
19 過去推量「けむ」	○	○	けむ	けむ	けめ	○	過去推量 過去の原因推量、過去の伝聞、婉曲	連用形
20 伝聞推定「なり」	○	なり	なり	なる	なれ	○	伝聞 推定	終止形 （ラ変型は連体形）

	未然	連用	終止	連体	已然	命令	意味	接続
21 反実仮想「まし」	ましか（ませ）	○	まし	まし	ましか	○	反実仮想 実現不可能な願望、ためらいの気持ち	未然形
22 願望「まほし」	まほしく まほしから	まほしく まほしかり	まほし	まほしき まほしかる	まほしけれ	○	願望	未然形
23 推量「むず」	○	○	むず	むずる	むずれ	○	推量　意志 勧誘　仮定 婉曲　適当	未然形
24 使役 尊敬「しむ」	しめ	しめ	しむ	しむる	しむれ	しめよ	使役 尊敬	未然形
25 断定「たり」	たら	たり と	たり	たる	たれ	たれ	断定	体言

26 願望「たし」

未然	連用	終止	連体	已然	命令	意味	接続
たく / たから	たく / たかり	たし	たき / たかる	たけれ	○	願望	連用形

助動詞「意味」の覚え方

「**む**」の覚え方……「ス（推量）」「イ（意志）」「カ（勧誘）」「カ（仮定）」「エ（婉曲）」「テ（適当）」

「**べし**」の覚え方…「ス（推量）」「イ（意志）」「カ（可能）」「ト（当然）」「メ（命令）」「テ（適当）」

「**じ**」の覚え方……「じ」は「む」の打消。（推量↓）打消推量　（意志↓）打消意志

「**まじ**」の覚え方…「まじ」は「べし」の打消。（推量↓）打消推量　（意志↓）打消意志
（可能↓）不可能　（当然↓）打消当然　（命令↓）禁止　（適当↓）不適当

助動詞「接続」の覚え方

未然形接続のもの…「る・らる・す・さす・しむ」↓語呂で暗記する！
「む・ず・むず・まほし・じ・まし」↓「むずむず、まぁホシガタのジンマシン」

連用形接続のもの…「つ・ぬ・たり（完了）・けり・たし・き・けむ」
↓「つね（ぬ）ったり・けり・たし・キ・ケン（つねったり蹴りたいけど危険）」

終止形接続のもの…「らむ・まじ・べし・めり・なり（伝聞）・らし」
↓「ラムちゃんマジでベーシックなメリーさんになりたいらしい」

完了の「**り**」………サ変の未然形と四段の已然形に接続
↓「リカちゃんはさ・み・し・い」

断定の「**なり**」………体言と連体形に接続
↓コロ助の台詞で覚える。「これは本（体言）なり。勉強する（連体形）なり」

助動詞　これだけは覚えておこう！

助動詞活用表を覚えたら、次はそれぞれの助動詞について重要な読解ポイントをまとめておく。共通テストに対応するには、これだけは覚えておこう。

●推量の「む」

「む」の識別ポイントは絶対に覚えること！　超重要だ。

①文末にある場合

★主語が一人称（私）→意志（～しよう）

例：「（私は）こよひはここにさぶらはむ」（今宵はここにいましょう→意志）

★主語が二人称（あなた）→勧誘（～しませんか）、適当（～がよい）

例：「（相手に）とくこそ試みさせ給はめ。」（早くお試しなさるがよい→適当）

例：「（相手に）忍びては参りたまひなむや。」（こっそりと参内なさいませんか→勧誘）

★主語が三人称→推量（～だろう）

例：「一夜の夢の心地こそせめ。」（一夜の夢のような気持ちがするだろう→推量）

②文中にある場合

★体言に続く場合→婉曲（～ような）※柔らかく表現するだけなので訳さなくてもいい

例：「一人歩かん身は心すべきことにこそ」

（一人で歩き回るような身は、気をつけねばならないことだ）

★「むには」「むは」「むに」「むを」「むこそ」などの助詞に続く場合→仮定（もし～なら）

例：「（犬を）二人して打たむには、侍りなむや。」

（犬を二人で打ったとしたら、生きているでしょうか）

●断定の「なり」

「なり」には**断定（〜である）**と**存在（〜にある）**の意味があるので、違いを理解しよう。

①「おのが身はこの国の人にもあらず。月の都の人なり。」
（私の身はこの人間世界の人ではない。月の都の者である）

②「壺なる御薬奉れ」（壺にあるお薬を召し上がれ）

②のように**「場所・方向＋なる（連体形）＋体言」**の場合は**存在**の意味になる。

また、断定の助動詞「なり」の連用形「に」と、完了の助動詞「ぬ」の連用形「に」の識別問題が頻出するので、見分け方をまとめておく。

①「異心ありてかかる《連体形》にやあらむ。」（浮気心があってこのようにしているのであろうか）

②「幼き人は寝入り給ひ《連用形》にけり。」（幼い人は寝入りなさった）

断定「なり」は**体言と連体形に接続する**ので①は断定「なり」の連用形。完了「ぬ」は**連用形に接続する**ので②は完了「ぬ」の連用形となる。

ちなみに、①の「にや（あらむ）」「にか（あらむ）」は頻出。

〈「に」断定＋「や・か」疑問の係助詞＋「む」推量〉で「～であろうか」と訳す。

「にや」「にか」＝「～であろうか」と覚えておこう。

●過去の「けり」

「けり」は間接経験の過去を表すので、自分の直接経験を表す「和歌・会話文・思った内容」では、ある事柄に気づいた**詠嘆**の意味になる。**「なりけり（断定＋詠嘆）」**の形で頻出する。

例：「犬などもかかる心あるものなりけり。」（犬などにもこのような心があるものだなぁ）

●完了の「つ・ぬ」

次の二つを覚える。

①通常は完了の意味だが、推量の助動詞に続く場合は強意となって「きっと〜だろう（しよう）」「〜にちがいない」と意味を強める。

例：「黒き雲にはかに出で来ぬ。風吹きぬべし。」（黒い雲が急に出てきた。きっと風が吹くだろう）

例：「この僧の顔に似てん。」（この僧の顔にきっと似ているだろう）

このパターンには「てむ・なむ・つべし・ぬべし・てまし・なまし・つらむ・ぬらむ」などがある。

②過去の助動詞「き」「けり」につく用例が多い。この場合は完了の意味となり、「〜してしまった」と訳す。「にき・にけり・てき・てけり」などがこれにあたる。

例：「乾飯《かれいひ》の上に涙落として、ほとびにけり。」（乾飯の上に涙を落として、ふやけてしまった）

例：「この男、垣間みてけり。」（この男は覗き見してしまった）

入試には**完了の「ぬ」と打消の「ぬ（連体形）」の識別が頻出する**が、活用形と接続で判断すればいい。

完了「ぬ」	な・に・**ぬ**・ぬる・ぬれ・ね（連用形接続）
打消「ず」	ず・ず・ず・**ぬ**・ね・○（未然形接続）

例：ア　花咲きぬ。　　イ　花咲かぬ日　　ウ　春の行方知らぬも

ア…文が「ぬ」で終わっているので終止形。終止形の「ぬ」は完了。
「咲き」という連用形についていることからも判断できる。

イ…名詞に続いているので連体形。連体形の「ぬ」は打消。
「咲か」という未然形についていることからも判断できる。

ウ…「知ら」という未然形に接続しているので打消「ず」の連体形。

●推量の「べし」

推量・意志・可能・当然・命令・適当の六つの意味があるが、識別は文脈で判断した方がいい。文法書には「む」に準じた図式で説明されているが、**「む」ほど厳密に使い分けられていないので、参考程度にとどめておこう**。

ただし、下に打消を伴う場合は可能か当然、禁止の意味になることが多い。

例：「羽なければ空をも飛ぶべからず。」（羽がないので空を飛ぶことができない↓可能）

例：「かの人来るべからず。」（あの人が来るはずがない↓当然）

●完了の「り」

入試では完了と存続の区別を問われることはないが、**完了「り」の連体形の「る」と、受身・尊敬・自発・可能の「る」の識別が頻出する**ので、その見分け方をまとめておく。

①女の書ける文
②大臣の乗らる船

まず、接続を見よう。①「書ける」は「已然形＋る」だから完了「り」の連体形。
②「乗らる」は「未然形＋る」だから受身・尊敬・自発・可能の「る」の連体形。この場合は尊敬の意味になる。

ちなみに、完了「り」の接続はサ変活用の未然形と四段活用の已然形なので、
サ変　せ・し・す・する・すれ・せよ
四段　ア・イ・ウ・ウ・エ・エ（音のみ）
→ともにエ段音になる。

受身・尊敬・自発・可能の「る」は四段活用とナ変・ラ変型活用の未然形に続くから、

四段　ア・イ・ウ・ウ・エ・エ（音のみ）
ナ変　な・に・ぬ・ぬる・ぬれ・ね
ラ変　ら・り・り・る・れ・れ
↓すべてア段音になる。

つまり、**ア段音に続けば受身・尊敬・自発・可能の「る」**、**エ段音に続けば完了の「り」**だと覚えておけばいい。

●受身・尊敬・自発・可能の「る」「らる」

「る」「らる」については、次の四つの識別法を覚える。

①下に打消があれば可能。平安時代はこの原則が守られていた。

例：「恐ろしくてものも言はれず。」（おそろしくてものを言うこともできない）

ただし、鎌倉時代以降は**単独で可能の意味を持つようになる。**

例：「冬はいかなるところにも住まる。」（冬はどんな所でも住むことができる）

②主語が「私」で、自分の心情や知覚を表す動詞「思ふ・知る・泣く・忍ぶ・ながむ・見る」などに続く場合は自発。

例：「都のみぞ思ひやらるる。」（都のことばかりが思いやられる）

③身分の高い人の動作や敬語動詞に続く場合は、ほぼ尊敬。

例：「思しめさる」「仰せらる」

④「る」「らる」の後に「給ふ」などがくる場合は受身か自発。尊敬にはならない。

例：「〜られ給ふ」「〜れ給ふ」など。

●使役・尊敬の「す」「さす」「しむ」

次の二つをしっかり覚えよう。

①尊敬を表す言葉に続かなければ使役となる。

例：「妻の嫗《おうな》にあづけて養はす。」（妻の老女にあずけて育てさせる）

②尊敬を表す言葉に続いていれば、ほぼ尊敬。「〜に」など使役の対象を示す語があれば使役となる。

例：「帝も行幸《みゆき》せしめ給ふ。」（帝も行幸なさる・尊敬）

例：「大臣に命じて衣かづけさせ給ふ。」（大臣に命じて着物を与えさせなさる・使役）

●伝聞・推定の「なり」

入試に頻出する、断定「なり」と伝聞・推定「なり」の識別法をまとめておくので、見分けられるようにしてほしい。

①接続で見分ける。

★断定「なり」は体言・連体形接続。

例：「心にも思へること、常のことなれど、よにわろくおぼゆるなり。」→ともに断定

体言　連体形

（心中に思っているのはいつものことであるけれど、実にみっともなく思われるのである）

★伝聞・推定「なり」は終止形接続。伝聞か推定かは文脈で判断する。

例：「大納言の御女《おんむすめ》亡くなり給ひぬなり。」→伝聞

終止形

（大納言の娘がお亡くなりになったそうだ）

②「あなり・ざなり・ななり」の「なり」は伝聞推定。

「あなり」は「あるなり」→「あんなり（撥音便）」→「あなり」と変化したもの。他も同じ。

伝聞推定の「なり」はラ変型活用の連体形「ある・ざる（打消の助動詞）・なる（断定の助動詞）」などにも接続する。

例：「扇のにはあらで、海月《くらげ》のななり。」（扇の骨ではなく、海月の骨のようだ）

③主語が一人称（私）の場合は断定の「なり」となる。

（自分のことを伝聞や推定で言うはずはない）

例：「男もすなる日記といふものを、女もしてみむとてするなり。」（Aが伝聞、Bが断定）

終止形 A　連体形 B

（男が書くという日記というものを、女である私もしてみようと思って書くのである）

接続からでもわかるが、Bは第一人称（私）の行為なので断定になる。

④係り結びの結びとなる「なる」「なれ」は、ほぼ伝聞推定。

例：「この十五日になむ月の都よりかぐや姫の迎へにまうで来《終止形》なる。」

（この十五日に月の都より、かぐや姫の迎えに参上するそうだ）

↓係助詞「なむ」の結びとなっており、かつ終止形接続なので伝聞となる。

三、出る順　敬語一覧

続いて敬語だ。**敬語が古文読解のポイントになるのは言うまでもない。**これもすべての過去問を分析して出る順に並べておいたので、1から順に覚えておこう。

ただし、頻出しない敬語でも設問には出る場合があるので、完璧にマスターしてほしい。

1　給ふ（四段）

- 動　尊　お与えになる
- 補動　尊　〜なさる、お〜になる

2　おぼす　おぼしめす

- 動　尊　お思いになる

3　侍《はべ》り

- 動　謙　お仕えする、お控えする
- 　　丁　あります、ございます
- 補動　丁　〜です、〜ます、〜でございます

4　奉《たてまつ》る

- 動　謙　差し上げる
- 　　尊　「食う」「飲む」「乗る」「着る」の尊敬語
- 補動　謙　〜申し上げる

5　聞こゆ

- 動　謙　申し上げる（手紙を）差し上げる
- 補動　謙　〜申し上げる

※「聞こえる」「評判になる」などの敬語ではない場合もあるので要注意。

6　おはす　おはします

- 動　尊　いらっしゃる、「あり」「をり」「行く」「来」の尊敬語
- 補動　尊　〜ていらっしゃる

7 申す　動 謙 申し上げる　補動 謙 ～申し上げる

8 のたまふ　動 尊 おっしゃる

9 参る まうづ　動 謙 参上する（「参る」のみ）差し上げる　尊（「参る」のみ）「食う」「飲む」「す」「行ふ」の尊敬語

10 候ふ　動 謙 お仕えする、お控えする　丁 あります、ございます　補動 丁 ～です、～ます、～でございます

11 ご覧ず　動 尊 ご覧になる

12 参らす　動 謙 差し上げる　補動 謙 ～申し上げる

13 給ふ（下二段）　補動 謙 ～です、～ます、～させていただく

14 おほす　動 尊 おっしゃる

15 たまはる　動 謙 いただく

16 うけたまはる　動 謙 お受けする、お聞きする

17 召す　動 尊 「呼ぶ」「着る」「乗る」「食う」「飲む」などの尊敬語

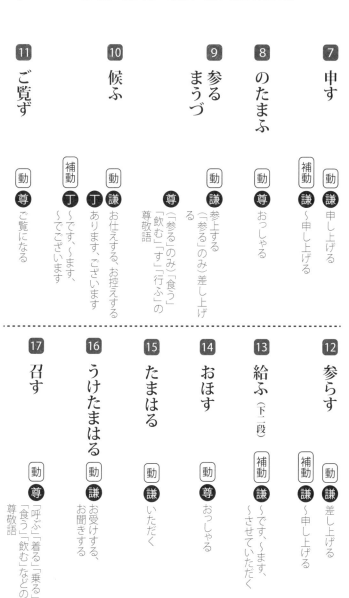

18 まかる　まかづ　動　謙　退出する　丁　参ります

19 たぶ　たうぶ　動　尊　お与えになる　補動　尊　～なさる、お～になる

20 たまはす　動　尊　お与えになる

21 あそばす　動　尊　お弾きになる、お詠みになる、(様々な動詞の代用で)～なさる　補動　尊　～なさる

22 きこしめす　動　尊　お聞きになる、召し上がる

23 つかまつる　つかへまつる　動　謙　お仕えする、～し申し上げる　補動　謙　～申し上げる

24 啓《けい》す　動　謙　(皇后・中宮・皇太子に)申し上げる

25 奏《そう》す　動　謙　(天皇・院に)申し上げる

26 います　動　尊　いらっしゃる、「行く」「来」の尊敬語　補動　尊　～でいらっしゃる

27 しろしめす　動　尊　お知りになる、お治めする

28 おほとのごもる　動　尊　お休みになる

29 存ず　動　謙　存じ上げる

四、出る順　重要助詞一覧

最後は助詞だ。助詞は現代の用法と変わらないものもあるので、古文読解のポイントになるものだけまとめておいた。これも番号順に覚えよう。

1 **の・が** 格
の（連体修飾格）、が（主格）、で（同格）、のように（比喩）
「の↓が」「が↓の」と訳す場合が多い

2 **ば** 接
「已然形＋ば」〜ので、〜（する）と、〜（した）ところ
「未然形＋ば」〜ならば

3 **に・を** 接
〜ので、〜だが、〜（する）と、〜（した）ところ

4 **ぞ** 係
強意（訳さない）

5 **ど・ども** 接
〜だが、〜けれども（逆接）

6 **こそ** 係
強意（訳さない）

7 **や** 係
疑問・反語

8 **か** 係
疑問・反語

9 さへ 副 ～までも（添加）

10 なむ 係 強意（訳さない）

11 つつ 接 ～しながら、～しては、～し続けて

12 で 接 ～ないで（打消接続）

13 や 間 ～なあ（詠嘆）、～よ（呼びかけ）

---

14 かな・かも 終 ～なあ（詠嘆）

15 かし 終 ～よ（念押し）

16 だに 副 ～さえ（類推）せめて～だけでも（最小限の限定）

17 し・しも 副 強意（訳さない）

18 ものから ものを ものゆゑ ものの 接 ～のに、～だが、～ので「ものを」が文末にあれば詠嘆

19 ばや 終 ～たい（願望）

20 よ 間 ～なあ（詠嘆）、～よ（呼びかけ）

21 とも 接 たとえ～しても

22 そ 終 やわらかい禁止（副詞「な」と呼応して）～してくれるな

23 なむ 終 （未然形に接続して）～してほしい（他に対する願望）

24 てしがな にしがな てしが にしが 終 ～したい（願望）

25 な 終 ～だなあ（詠嘆）

26 もが もがな もがも 終 ～であればいいのになあ（願望）

重要助詞　これだけは覚えておこう！

助動詞と同様に、助詞も古文読解のポイントになる点をまとめておく。

●格助詞「の・が」

「の・が」は意味・用法がほぼ同じで、用例の多い順にまとめると次のようになる。

①連体修飾格「の」…「私の教科書」といった普通の「の」なので気にしなくていい。

②主格「が」

例：「月の漏りきて児《ちご》の顔にあたりたるが」

（月の光が漏れるように差して、子供の顔に当たっている様子が）

③同格「で」

例：「雁などの連ねたるが、いと小さく見ゆるはいとをかし」

（雁などで列をなしているのが、とても小さく見えるのはとても趣がある）

④比喩「～のように、～のような」

例：「玉のをのこ御子さへ生まれ給ひぬ」（玉のような男のお子まで生まれなさった）

①～④を連続させて「の・が・で・のように」と覚えておこう。

●接続助詞「ば」

絶対覚えなければならないのは、この二つ。

> **●未然形＋「ば」↓仮定条件（もし～ならば）**
> **●已然形＋「ば」↓確定条件（～ので、～〈する〉と、～〈した〉ところ）**

ただし、本文中に登場するのはほとんどが**確定条件**だ。

●接続助詞「に・を」

順接（〜ので）、**逆接（〜だが、〜のに）**、**単純接続（〜〈する〉と、〜〈した〉ところ）**を表す。

ただ、接続助詞「に・を」の訳し方が設問として出されることはないので、意味が通るように適当に変換すればいい。時おり、「時」や「所」の省略された格助詞と紛らわしいものもあるが、問題として問われることはないので読み飛ばそう。

ただし、「に」の識別は頻出するので、要点をまとめておく。

①まずは、「に」の7種類を覚える。

1・格助詞の「に」	例：「都にのぼる。」
2・接続助詞の「に」	例：「涙落つとも覚えぬに、枕浮くばかりになりにけり。」
3・完了の助動詞「ぬ」の連用形	例：「寝入り給ひにけり。」
4・断定の助動詞「なり」の連用形	例：「あれは人にはあらず。」
5・副詞の一部	例：「げにいとあはれなり。」
6・形容動詞の一部	例：「あはれにおぼゆ。」
7・ナ変動詞の一部	例：「死にけり。」

②見分け方のコツ

★体言（名詞）についていたら断定の助動詞か格助詞。

・「である」と訳せる場合→断定の助動詞

例：「そはいみじき笛に候ふ。」（それはたいそう立派な笛でございます）

・「である」と訳せず、「に」と訳せる場合→格助詞

例：「やますそに入る月」（※やますそである入る月、ではおかしい）

★「連体形＋に」の形を取り、「に」の上に「時・こと・所」などが入ったら格助詞。

例：「よろづのことは月見るにこそ慰むものなれ。」

（すべてのことは月を見ることで慰められるものだ）

※「に」の上に「こと」が省略されている。

★「に」の上に「時・こと・所」などが入らず、「に」が「順接（〜ので）」「逆接（〜のに、だが）」「単純接続（〜〈する〉と、〜〈した〉ところ）」で訳せる場合は接続助詞。

例：「遠く訪ひしに留守なりき。」（遠くから訪ねてきたのに留守だった）

★動詞の連用形について、下に助動詞が続いていたら完了の助動詞。

「にき・にけり・にたり」の形を取ることが多い。

連用形　助動詞

例：「高砂の尾上の桜咲きにけり。」（はるか彼方に見えるあの山の峰にも桜が咲いたなぁ）

★性質や状態を表す言葉についていたら形容動詞の一部。

例：「心静かに念仏を唱ふ。」（「に」は形容動詞「静かなり」の連用形の活用語尾）

●係助詞「ぞ・なむ・や・か・こそ」

あまりにも重要なので、これを覚えていないと話にならない。次の表は完璧にマスターしよう。

◆係り結びの表

係助詞	意味	結び
ぞ **なむ**	**強意**	連体形
や（やは） **か（かは）**	**疑問** **反語**	連体形
こそ	**強意**	已然形

係助詞に関する重要事項をまとめておく。

① **「もぞ」「もこそ」があれば「～したら困る、～したら大変だ」と訳す。**

例：「雨もぞ降る。」（雨が降ったら困る）

例：「烏などもこそ見つくれ。」（烏などが見つけたら大変だ）

② **「こそ」の結びが文末になく、下の文章に続く時は逆接となる。**

例：「中垣こそあれ、ひとつ家のやうなれば、」（中垣はあるが、一軒家のようなので）

③ **「やは」「かは」はまず反語と考える。疑問もあるが、反語の方が多い。**

例：「住み果てぬ世に、みにくき姿を待ちえて何かはせん。」

（永久に住み続けることのできない世の中に、みにくい姿を待ち得て何になろうか。
いや、何にもならない）

④ **「とや」「とか」「とぞ」「となむ」で文章が終わっていれば「言ふ」が省略されており、「とこそ」は「言へ」が、「にこそ」は「あらめ」等が省略されている。**

助動詞のところで説明した「にや」「にか」を加えると次のようになる。

・にや（あらむ）　・にか（あらむ）　・にこそ（あらめ）

・とや（言ふ）　・とか（言ふ）　・とぞ（言ふ）　・となむ（言ふ）　・とこそ（言へ）

⑤係助詞「なむ」と終助詞「なむ」と、二つの助動詞からなる「な＋む」の識別を理解しよう。

次の三つの「なむ」の違いがわかるかな。

A「花なむ咲く」
B「花咲かなむ。」
C「花咲きなむ。」

解答

A　係助詞「なむ」↓「なむ」は強意で特に訳さない。
花なむ咲く。（花が咲く）

B　終助詞「なむ」↓未然形について他への願望（～してほしい）を表す。
花咲か《未然形》なむ。（花が咲いてほしい）

C　完了の助動詞「ぬ」の未然形「な」＋推量の助動詞「む」の終止形「む」からなる「なむ」

↓連用形について強い推量（きっと〜だろう、〜にちがいない）、強い意思（きっと〜しよう）を表す。

連用形

花咲きなむ。（きっと花が咲くだろう）

●副助詞「だに・さへ」

この二つは設問文にしばしば含まれているので、重要だ。

①「だに」について

★類推…程度の軽いものを述べて、重いものを推測させる。

「～さえ」と訳すが、その後に類推される「まして～だ」の部分が重要。

例：「光やあると見るに、蛍ばかりの光だになし。」（光があるかと見ると、蛍ほどの光さえもない）

「蛍ほどの（わずかな）光さえもない」という背後には、「まして、それ以外の光など何もない」という程度の甚だしい状況が類推される。

例：「見るものどもは、え問ひにだにも問はず」

（主人の身近に仕えるものたちは、問うことさえできない）

「問うことさえできない」という背景には、「まして、そばに寄ることも、話しかけることもできない」という程度の甚だしい状況が類推される。

★限定…最小限の限定を表す。「せめて〜だけでも」

例：「散りぬとも香《か》だに残せ梅の花恋しき時の思い出にせむ」

（散ってしまっても、せめて香だけでも残してくれ、梅の花よ。恋しく思う時の思い出にしよう）

限定用法は**「命令・願望・仮定・意志」**の形をとることが多い。

「命《メ》令・願《ガ》望・仮《カ》定・意《イ》志」（メガカイ）と覚えておこう。

②「さへ」について

★添加を表す。「〜までも」

例：「世になく清らなる玉の男《をのこ》御子《みこ》さへ生まれ給《たま》ひぬ」

〈帝と更衣とが深く愛し合っているのに加えて〉この世にまたとなく気品があって美しい玉のような男の御子までもお生まれになった）

●副助詞「し・しも」

強意を表し、特に訳さない。**「し・しも」を省いても文意が通じる場合は副助詞**と考える。

例：「悪しき例《ためし》なきにしもあらず」（よくない例がないわけではない）

例：「から衣着つつなれにし妻しあればはるばるきぬる旅をしぞ思ふ」

（唐衣を着て、よれよれになるのと同様に、慣れ親しんだ妻がいるので、はるばるやってきたこの旅をしみじみと思うことだ）

入試では時おり**「し」の識別問題**が出されるので、見分け方をまとめておく。

★**連用形に接続しており体言に続いていれば、過去の助動詞「き」の連体形。**

例：「昔あり《連用形》し家はまれなり。」（昔あった家はまれである）

★「する」と訳せる場合はサ変動詞「す」の連用形。

例：「田舎わたらひしける人の子ども」（田舎回りの行商をしていた人の子ども）

★除外しても意味が通じる場合は強意の副助詞。

例：「名にし負はばいざ言問《こと》はむ」（名前として持っているならば、さあ尋ねてみよう）

●接続助詞「ものの・ものから・ものゆゑ・ものを」

「もの」がつく接続助詞は**原則として逆接を表す**が、「ものから・ものゆゑ」には順接用法があり、「ものを」が**文末にある場合は詠嘆**になる。

例：「都出でて君に逢はむと来しものを来しかひもなく別れぬるかな」

（都を出てあなたに会おうと思ってはるばるやって来たのに、来たかいもなくもうお別れしてしまうことですね）

例：「雀の子を犬君《いぬき》が逃がしつる。伏籠《ふせご》のうちに籠めたりつるものを」
（すずめの子を犬君が逃がしてしまった。伏籠の中にとじこめていたのになあ）
（※この場合は終助詞とする考えもある。）

●接続助詞「つつ」

訳し方は、同時進行（～しながら）・継続（～し続けて）・反復（～しては）の三通りがあるが、「つつ」の意味を問われることはないので、口語変換しないで読み飛ばしていい。

確実に身につけておきたい古文読解の基礎は以上だ。重要単語、助動詞、敬語、重要助詞の四つを覚えたら、読解に入ってみよう。

読解1　古文読解のコツをマスターせよ！

基礎はしっかり頭に入っただろうか。身につけた知識を活かして、いよいよ過去問に挑戦しよう。とはいえ、単語の知識だけでは、まだ古文が読めるようにはならない。問題を解く前に、次の四つは押さえておこう。

一、主語の見分け方
二、敬語の用法
三、和歌の読解
四、識別問題の解法

それぞれのコツを簡単にまとめておくので、頻出単語・頻出文法とセットで覚えてほしい。

一、主語の見分け方

古文読解の最大のネックは、主語が省略されていることだ。そこで、誰にでもマスターできる四つの方法をまとめておく。

＼Point／

1・出典を見る
2・「を・に・ば・どもの法則」で判断する
3・「て・ばの法則」で判断する
4・敬語で判断する

1・出典を見る

本文の出典に『〜日記』や『〜紀行』というタイトルがあるか、チェックしてみよう。**日記や随筆、紀行文ならば、主語は原則として作者（私）となる。**特に「面白い」や「つらい」などの心情表現があれば、まず作者の気持ちだと考えていい。

2・「を・に・ば・どもの法則」で判断する

接続助詞「**を・に・ば・ども**」があれば、そのタイミングで主語が変わることが多いので、いったん区切って読むようにしよう。

> 夢よりもはかなき世の中を嘆きわびつつ明かし暮らすほどに、①四月十余日《うづきじふよひ》にもなりぬれば、木の下暗がりもてゆく。築地《ついひぢ》の上の草青やかなるも、②人はことに目もとどめぬを、あはれとながむるほどに、近き透垣《すいがひ》のもとに③人のけはひのすれば、誰ならむと思ふほどに、故宮《こみや》に候《さぶら》ひし小舎人童《こどねりわらは》なりけり。
>
> （『和泉式部日記』より）

①②③の主語をまとめてみよう。出典が『和泉式部日記』なので、指定がなければ**主語は作者**となる。

① （時が）〈＝省略された主語〉四月十余日にもなりぬれ**ば**、木の下〈＝主語〉暗がりもてゆく。
② 人〈＝主語〉はことに目もとどめぬ**を**、（私は）〈＝主語〉あはれとながむる
③ 人のけはひ〈＝主語〉のすれ**ば**、（私が）〈＝主語〉誰ならむと思ふ

「**を**」「**ば**」をきっかけに、主語が変わっているのがわかるだろう。

〔現代語訳〕夢よりもはかない男女の仲を、（私が）嘆き悲しんで日々を明かし暮らすうちに、四月十日過ぎになったので、（たくさん葉がついてきて）木の下がしだいに暗くなってゆく。土塀の上の草が青々としているのも、他の人は特に目もとめないが、（私が）しみじみとした思いで眺めている時に、近くの透垣のあたりに人の気配がしたので、（私が）誰だろうと思っていると、亡き宮様（為尊親王）にお仕えしていた小舎人童であったよ。

「に」「ども」の例も見てみよう。

按察使《あぜち》の君は宮の御姿をつくづくと見る**に**、かの夜な夜なの月影に、さだかにはあらねど見し人に違《たが》ふところなければ、……

（『兵部卿物語』より）

〔現代語訳〕按察使の君〈＝主語〉は宮の御姿をつくづくとご覧になると、（宮の御姿は）〈＝主語〉あの夜の月影に、はっきりとはしないけれども見た人に違うことがないので、……

親のあはすれ**ども**、聞かでなむありける。

（『伊勢物語』より）

〔現代語訳〕親〈＝主語〉が（他の男と）結婚させようとするけれども、（娘は）〈＝主語〉承知しないでいたのだった。

これも「**に**」や「**ども**」で主語が変わっている。ただし、あくまでも主語が変わることが「多い」のであって、**絶対に変わるというのではないので、注意してほしい。**

３・「て・ばの法則」で判断する

「て・ば」とは接続助詞「て・ば」のこと。この法則をまとめると次のようになる。

＼Point／

A　接続助詞「て」の前後は原則として主語が変わらない。

B　接続助詞「ば」で、動作の対象がある場合は、「ば」の次の主語は原則として動作の対象となる。

C　接続助詞「ば」で、動作の対象がない場合は、原則として主語は変わらない。

それぞれについて説明しよう。

A　接続助詞「て」の前後は原則として主語が変わらない。

例えば、「今日学校へ行って、勉強して、部活へ行って、帰って、飯食って寝た」という文章では、主語はみな同じだ。**「て」は単純な接続を表す場合が多い**ので、その場合には主語が変わらない。

例：「住む館より出でて船に乗るべき所へ渡る。」
〈私は〉住む館より出て、〈私は〉船に乗るべき所へ行く。）

これは「して」「で」「つつ」も同じ。

ただし、「て」が順接（〜ので）や逆接（〜だが）を表したり、「て」の前後で敬語の種類が変わったりしていれば、主語が変わる場合もあるので、注意してほしい。

★**「て」が順接の場合**
例：「川尻に舟入りたちて、漕ぎ上るに、川の水干《ひ》て悩みわづらふ。」

（河口に舟が立ち入って、漕ぎ上るが、〈川の水が〉ひいているので、〈船が〉漕ぎ上がるのに苦労し難儀する。）

この文章は、「2・『を・に・ば・ども』の法則」も含まれている。「舟入りたちて」は単純な接続だが、直後の「漕ぎ上る**に**」で主語が変わる。

★**「て」が逆接の場合**
例：「さしたる事なくて人のがり行くは、よからぬ事なり。」
〈たいした用事も〉ないのに、〈用もない人が〉他人の家へ行くのはよくないことである。）

★「て」の前後で敬語の種類が変わる場合

例：「大宰権帥《だざいのごんのそち》になし奉りて、流され給ふ」
（〈朝廷が菅原道真を〉大宰権帥に任命申し上げ（謙譲語）て、〈菅原道真は大宰府へ〉流されなさる（尊敬語）。）

B　接続助詞「ば」で、動作の対象がある場合は、「ば」の次の主語は原則として動作の対象となる。

「AがBに～すれば、Bは～」となる。


例：「京童部《きやうわらんべ》は忠明を殺さむとしければ、御堂の方《かた》ざまに逃ぐるに、」

（京童部は忠明を殺そうとしたので、〈忠明は〉御堂の方に逃げると）

↓京童部が殺そうとした対象は忠明なので、「ば」の次の主語は忠明となる。


例：「中将、馬に向かひて『とくとく具足せよ』と仰せければ、立ち寄り乗せ奉りて、」

（中将が馬に向かって「早く連れて行け」と仰ったので、〈馬は中将のところへ〉立ち寄り、乗せ申し上げて）

↓中将が馬に向かって言ったので、「ば」の次の主語は馬となる。

このBの用例は非常に多いので絶対に覚えてほしい！

C　接続助詞「ば」で、動作の対象がない場合は、原則として主語は変わらない。「Aが〜すれば、Aは〜」となる。

例：「大臣はいとど悲しくおぼしめされければ、内にのみこもりゐ給ひて」
（大臣はたいそう悲しくお思いなされたので、〈大臣は〉部屋にのみこもっていらっしゃって）

この場合、動作の対象がないので、主語は変わらない。「思ふ」「わびし」「いとし」「かなし」などの**心情を表す動詞は、対象のない場合が多い。**

4・敬語で判断する

これも簡単だ。尊敬語が使われていれば位の高い人が主語になる。謙譲語が使われていれば、高位の人より身分が低い人が主語になる。**先ほどの「て・ばの法則」も敬語が入ると、法則通りにならないから注意**しよう。

例：「上は喜ばせ給ひて、あはれなることに思ひ聞こゆ」
〈帝はお喜びなさって、〈控えている人は〉しみじみとよいことだと思い申し上げる〉

前半は「せ給ふ」と二重敬語が使われているので帝の行為だが、後半は「聞こゆ」と謙譲語が使われているので、帝の傍に控える人の行為となる。

では、ここまで理解したら問題を解いてみよう。次の文章は２００８年センター試験追試（古文）の冒頭の部分だ。リード文をよく読んで、①〜⑧の主語を考えてみよう。

（リード文）

次の文章は、『源氏物語』の登場人物を用いて創作された物語『雲隠六帖《くもがくれろくじょう》』の一節である。光源氏は、愛する妻の紫の上に先立たれて深い悲しみに沈んでいた。（本文の「主の院《あるじ》」とは、源氏の兄・朱雀院のことである）

いまだ明けざるに、①おはしつきたり。主の院、おどろき給ふ事なのめならず。「いかなればかく、しののめもまだしかるべきほどに」と②のたまへば、はるかに久しき御対面《おほん》を③よろこび給ふ事限りなし。いたう④やせ細り給ひて、昔の影のやうに⑤見え給へば、⑥あはれと見奉り給ひて、⑦うちしほたれ給ひて、とばかりありて、「何たる御心にて、すがすがとおぼしめし立ち給ふか」と⑧申し給へば、……

〔解答〕

①源氏

リード文から主人公が源氏であることがわかるので、**冒頭の部分で何も明記されていなければ主語は源氏**となる。

②主の院

源氏が主の院の所へ行き、主の院が驚いて問い尋ねる場面なので、主語は主の院となる。

③源氏

「のたまへば」の「ば」に注意。主の院が源氏に対しておっしゃるので、「ば」の次の主語は源氏となる。

（**↓「て・ばの法則」B**）

④源氏

源氏は最愛の妻を亡くしているので、心労から痩せているのは源氏だと考えられる。リード文から登場人物の状況を読み取ろう。

⑤源氏（の姿）

「やせ細り給ひて」の「て」に注意。「て」の前後で主語は変わらず、源氏がやせ細っていて、源氏（の姿）が昔の姿の影のように見えるということ。（**↓「て・ばの法則」A**）

⑥主の院

「見え給へば」の「ば」に注意。**「て・ばの法則」B**を適用すれば、源氏の姿が主の院にとっては影のように見えるということなので、あはれに（しみじみと気の毒に）見ているのは主の院となる。

⑦⑧主の院

「あはれと見奉り給ひて、うちしほたれ給ひて、とばかりありて」と「て」が連続するので原則として主語は変わらない。（**↓「て・ばの法則」A**）

〈現代語訳〉（源氏は）まだ夜が明けないうちに、（主の院の所に）お着きになった。主の院が驚きなさることは並々ではない。（主の院が）「どうしてこのように、夜明けにもならないうちに（いらっしゃったのですか）」とおっしゃると、（源氏は）本当に久しぶりの御対面を喜びなさることはこの上もない。（源氏は）ひどく痩せ細りなさって、昔の姿の影のように（主の院には）お見えになるので、（主の院は）しみじみと気の毒に拝見なさり、ひとしきりお泣きになって、しばらくしてから「どのようなお気持ちで潔く（出家を）ご決意なさったのですか」と（源氏に）申し上げなさると、……

二、敬語の用法

続いて敬語の用法だ。敬語がわからないという人は、基本知識がきちんと身についていない場合が多いので、まずは「出る順敬語一覧」（P188〜190）を完璧に覚えよう。それが終わったら、**次にまとめてある敬意の方向について理解してほしい**。敬語で覚えなければならないのは、これだけだ。

敬意の方向を解く図式

「誰から？」（誰が敬意を払っているのか）

会話文・思った内容　↓話し手（思っている人）

地の文　↓作者

「誰へ？」（誰に対して敬意を払っているのか）

尊敬語（〜なさる、など）　↓動作をする人（尊敬語は為手《して》尊敬）

謙譲語（〜申し上げる、など）↓動作の受け手、あるいは動作主以外（謙譲語は受け手尊敬）

丁寧語（〜です・ます、など）↓聞き手（丁寧語は聞き手尊敬）

文法書には敬意の対象を示すもっと複雑な表が載っているが、これだけ覚えれば十分だ。では、実際の問題を解いてみよう。

『夢の通ひ路物語』の一節。男君と女君は人目を忍んで逢《あ》う仲であった。やがて、女君は男君の子を身ごもったが、帝に召されて女御となり、男児を出産した。生まれた子は皇子として披露され、女君は秘密を抱えておののきつつも、男君のことを思い続けている。その子を自分の子と確信する男君は人知れず苦悩しながら宮仕えし、二人の仲介役である清さだと右近も心を痛めている。（設問の部分のみ抜粋）

・（「右近」は「女君」の従者である。右近が女君に言う）

「この程（男君のやつれた姿を）見奉りしに、御方々《かたがた》（男君の両親が）思しわづらふもむべにa侍り」

・（「清さだ」は「男君」の従者である。清さだからの手紙に）

「『東宮のいとかなしうまつはさせ給へば、（男君は）とけても籠らせb給はぬを、この頃こそ、えうちつづきても参り給はで、ひとへに悩みまさらせ給へ』と侍りし」

・（男君が女君に書いた手紙）

「さるものの音《ね》調べし夕べ（笛の音を披露した夕べ）より、心地も乱れ、悩ましう思ひc給へしに、ほどなく魂の憂き身を捨てて、君（女君）があたり迷ひ出《い》でなば、結びとめ給へかし」

問　波線部a～cの敬語の説明の組合せとして正しいものを、次の①～⑤のうちから一つ選べ。

① a……右近から女君への敬意を示す丁寧語
　b……御方々から男君への敬意を示す尊敬語
　c……男君から女君への敬意を示す謙譲語

② a……右近から女君への敬意を示す丁寧語
　b……御方々から男君への敬意を示す尊敬語
　c……男君から女君への敬意を示す尊敬語

③ a……右近から男君への敬意を示す謙譲語
　b……御方々から男君への敬意を示す尊敬語
　c……男君から女君への敬意を示す謙譲語

④ a……右近から男君への敬意を示す謙譲語
　b……清さだから男君への敬意を示す尊敬語
　c……男君から女君への敬意を示す尊敬語

⑤ a……右近から女君への敬意を示す丁寧語
　b……清さだから男君への敬意を示す尊敬語
　c……男君から女君への敬意を示す謙譲語

（2015年本試）

a：「侍り」は丁寧語で**聞き手に敬意がいく**。この台詞を言っているのは右近で、聞いているのは女君だから「右近から女君への丁寧語」となる。これで①②⑤が残る。

b：「給は（給ふ）」は尊敬語で**動作の主体に敬意がいく**。これは清さだの手紙（書き手は清さだ）であり、動作の主体は男君だから「清さだから男君への尊敬語」となる。これで⑤が決定する。念のためにcも見てみよう。

c：「給へ（給ふ）」は要注意。過去の助動詞「き」の連体形についているので、「給へ」は連用形で、下二段活用となる。つまり謙譲語の「給ふ」だ。この手紙を書いたのは男君、受け取るのは女君で、謙譲語は**動作の受け手に敬意がいく**から「男君から女君への謙譲語」となる。やはり⑤でOKだ。

正解は⑤。

敬意の方向について、イメージできただろうか。敬語の理解は古文を読み解く基本となるので、しっかりとマスターしよう。

三、和歌の読解

三つ目は和歌の読解だ。入試では和歌を含む文章がよく出題されるが、ほとんどの人が苦手意識を持っていると思う。よくわからないので最初から諦めている人も多いのではないだろうか。しかし、和歌が出題された場合には、8点前後の配点があるのでコツをつかんで得点源にしよう。

そのコツとはこれだ。

＼Point／

和歌を理解するには、前後から歌を詠んだ時の状況や心理を把握せよ！

つまり、**和歌を訳す前に地の文から詠み手の状況をつかめ、ということだ。**次のページにある問題を使って、具体的に説明しよう。

次の文章は、歌合の形式にならって『伊勢物語』（左）と『源氏物語』（右）からそれぞれの登場人物を選び出し、論評を加えたものである。ここでは問題文の一部分のみを抜粋し、必要に応じて説明を加えてある。

（桐壺更衣は光源氏を生んだ後、宮中で浴びた非難のために病がちになり）かくてつひにかくれ給ふ。内裏には、ひたすらの御嘆き、魂《たま》の行方の知らまほしう幻ゆかしきみ心なりけりとぞ（亡くなった更衣の魂のありかを知りたいので、そのために魂を探しに行く幻術士がいてほしいお心だったという）。若宮御服《おんぶく》(注)の間は、御祖母《うば》の尼君具し奉りて、野分に荒れたる草の庵《いほり》は、ならひにこえて露けき秋なるべし。内裏にはこの宮の御上さへおぼし加へ奉り給ひて、命婦《みやうぶ》の君して、尼君のもとに賜《たま》はせける。

A宮城野《みやぎの》の露吹きむすぶ風の音《おと》に小萩《こはぎ》がもとを思ひこそやれ

御返し、

あらき風ふせぎしかげの枯れしより小萩が上ぞしづ心なき

（注）御服——喪に服すこと。

（2007年追試）

問　傍線部A「宮城野の露吹きむすぶ風の音に小萩がもとを思ひこそやれ」という和歌の説明として最も適当なものを、次の①～⑤のうちから一つ選べ。

①「宮城野」という地名に「宮中」の意、「露」に「はかない命」の意を込めて、宮中で非難を浴びて亡くなった更衣への哀悼を表し、「小萩」すなわち若宮だけは守りたいという決意を表している。

②「宮城野」は地名と「宮中」との掛詞、「露」は「涙」の縁語で、宮中から流れてくる風の噂で涙を催している尼君への配慮を表し、「小萩」すなわち更衣のことを忘れないでほしいと願っている。

③「宮城野」という地名に「宮中」の意、「露」に「涙」の意を込めて、宮中に吹き渡る風の音を聞くにつけ悲しみにくれる自らの心情を表し、「小萩」すなわち幼い若宮の現在の様子を案じている。

④「宮城野の」は「露」にかかる枕詞、「露」は「命」の縁語で、風に吹き飛ばされる露のようなはかない人生の無常を表し、「小萩」すなわち更衣のあまりにも短かった一生を嘆き悲しんでいる。

⑤「宮城野」という地名で若宮が遠く離れていることを暗示し、「露」に「涙」の意を込めて、何も手助けできない現状への憂慮を表し、「小萩」すなわち若宮の将来を見守ってほしいと頼んでいる。

解けただろうか。Aの和歌は難しいので、訳してみても「宮城野の露が吹きむすぶ風の音がして、小萩のことを思いやる」となって、何のことだかわからない。

そこで、先に述べたポイントを使ってみよう。

「和歌を理解するには、前後から歌を詠んだ時の状況や心理を把握せよ！」

もっと詳しくいえば、和歌は**「どのような状況で」「誰が」「誰に対して」「どんな気持ちで詠んだのか」**を把握せよ、ということだ。和歌は詠み手の気持ちを情景等によって表現したものだから、詠んだ時の状況や気持ちを理解すれば、おのずと内容がわかるのだ。

そこで和歌の前後を見てみよう。

内裏には、ひたすらの御嘆き、魂の行方の知らまほしう幻ゆかしきみ心なりけりとぞ（亡くなった更衣の魂のありかを知りたいので、そのために魂を探しに行く幻術士がいてほしいお心だったという）。若宮御服の間は、御祖母の尼君具し奉りて、野分に荒れたる草の庵は、ならひにこえて露けき秋なるべし。内裏にはこの宮の御上さへおぼし加へ奉り給ひて、命婦の君して、尼君のもとに賜はせける。

訳してみよう。正確な訳ができなくても、大体の状況がわかればいい。

帝においては、ひたすらお嘆きになって、亡くなった更衣の魂のありかを知りたいので、そのために魂を探しに行く幻術士がいてほしいほどのお心であったという。若宮（光源氏）が喪に服している間は、祖母の尼君が若宮をお連れ添い申し上げて、台風で荒れた草庵は（更衣が亡くなった悲しみのために）例年以上に露がたいそう降りた秋のようだ。帝はこの若宮の身の上のことまで気にかけ申し上げなさって、命婦の君を介して、尼君のもとに和歌をお与えになった。

これを「どのような状況で」「誰が」「誰に対して」「どんな気持ちで詠んだのか」でまとめてみよう。

「どのような状況で」↓桐壺更衣が亡くなり、帝は悲嘆にくれている。若宮（源氏）が喪に服す間、祖母の尼君は若宮を里に連れて行っている。

「誰が」↓内裏（帝）が

「誰に対して」↓祖母の尼君に対して

「どんな気持ちで詠んだのか」↓若宮のことが気がかりになっている。「内裏にはこの宮の御上さへおぼし加へ奉り給ひて」の部分だ。

これをふまえて選択肢を見ると、まず②④が×となる。和歌にある「小萩」とは「若宮」のことだ。

では、①③⑤に絞って考えてみよう。

①「宮城野」という地名に「宮中」の意、「露」に「はかない命」の意を込めて、宮中で非難を浴びて亡くなった更衣への哀悼を表し、「小萩」すなわち若宮だけは守りたいという決意を表している。
③「宮城野」という地名に「宮中」の意、「露」に「涙」の意を込めて、宮中に吹き渡る風の音を聞くにつけ悲しみにくれる自らの心情を表し、「小萩」すなわち幼い若宮の現在の様子を案じている。
⑤「宮城野」という地名で若宮が遠く離れていることを暗示し、「露」に「涙」の意を込めて、何も手助けできない現状への憂慮を表し、「小萩」すなわち若宮の将来を見守ってほしいと頼んでいる。

和歌の比喩は難しいので、帝の心理を見てみよう。

和歌の前の部分には「帝はひたすら悲嘆にくれている」とあるので、①「宮中で非難を浴びて亡くなった更衣への哀悼」や⑤「何も手助けできない現状への憂慮」ではなく、③「悲しみにくれる自らの心情」となり、③が正解となる。

「宮城野」とか「露」の比喩が理解できなくても、状況さえつかめば正解はわかるだろう。

●補説1 和歌の句切れについて

和歌を理解するには句切れがわかっていなければならないので、簡単に説明しておこう。

句切れとは、**和歌における意味や内容、調子（リズム）の切れ目のこと**だ。文法上「。」がつくところにあるので、見分けは難しくない。

句切れの位置は大別して次の四つになる。

①活用語の終止形・命令形のところ

例：「高砂のをのへの桜咲きにけり／外山のかすみたたずもあらなむ」

「けり」の終止形

（高い山の峰に桜が咲いたなぁ。近くの低い山に霞が立たないでほしいよ）

②終助詞・間投助詞を用いているところ（〜かな、〜ばや、〜よ、〜や、〜な）

例：「ちぎりきな／かたみに袖をしぼりつつ末の松山波こさじとは」

終助詞

（約束したね。互いに袖を絞りながら〈＝泣きながら〉末の松山を波が越すことのないように〈＝二人の愛もいつまでも変わらないように〉と）

③係り結びの結びのところ

例：「わが庵は都のたつみしかぞすむ／世をうぢ山と人は言ふなり」

「ぞ↓すむ」係り結び

（私の庵は都の東南にこのように静かに住んでいる。それなのに世を住みづらく思って宇治山に逃れているのだと世間の人は言っているようだ）

④体言止めで言い切っているところ

体言止め

例：「つくばねの峰よりおつるみなの川／恋ぞつもりて淵となりぬる」

（筑波山の峰から流れ落ちる男女川《みなのがわ》の水が積もって淵となるように、私の恋心も積もって淵となったことだ）

●補説2 掛詞について

和歌の修辞法では**掛詞**が最も出題される。掛詞とは、**一つの同じ音で二つ以上の意味を表す技法**だ。今のダジャレみたいなものだね。

例：「大江山いくのの道の遠ければまだふみもみず天橋立」
（大江山を越え、生野を通って行く道が遠いので、まだ天橋立は踏んでもいないし、〈母からの〉文も見ていません）

「いく」が地名の〔生野《いくの》〕と〔行く〕を、「ふみ」が〔踏み〕と〔文〕を掛けている。
このように、**掛詞は平仮名や地名の部分に多い**ことを覚えておこう。これは重要だ。

◆よく使われる掛詞一覧

〔明石《あかし》〕と〔明かし〕／〔秋〕と〔飽き〕／〔枯る〕と〔離《か》る〕／〔忍ぶ〕と〔偲《しの》ぶ〕
〔長雨《ながめ》〕と〔ながめ〕／〔火〕と〔思ひ〕／〔降る〕と〔経る〕と〔古る〕／〔松〕と〔待つ〕

その他、枕詞や序詞、縁語、体言止めなどについては、学校から渡された古典文法の本や国語便覧を見て確認してほしい。

●補説3　「〜を…み」について

和歌で頻出する「〜を…み」は「〜が…ので」と原因・理由で訳すので、これも覚えておこう。

例：「瀬をはやみ岩にせかるる滝川のわれても末にあはむとぞ思ふ」

（瀬の流れが速いので岩にぶつかる滝川のように分かれたとしても、いつかまた逢おうと思う）

四、識別問題の解法

最後は、センター試験で**ほぼ毎年出題された識別問題**について述べておこう。文法の基本を押さえる問題なので、ほとんどの受験生にとっては得点源となっている。

過去問を見ても、「に」「む」「なり」の識別といった似たような問題が出題されているので、基本さえ押さえていれば間違えることはない。本書でまとめた頻出助動詞（P173～187）・助詞（P191～207）をマスターしておけば、十分に対応できるはずだ。

では、実際の問題を解いてみよう。多少難度の高いものを選んでおいた。

・限りaなめり。
・驚かbれ給うて
・「限り」とのたまひはcてば
・言ひ知らdせ奉り給ふ。

（2014年本試）

問２　波線部ａ～ｄの文法的説明の組合せとして正しいものを、次の①～⑤のうちから一つ選べ。

①　ａ断定の助動詞　　ｂ受身の助動詞
　　ｃ完了の助動詞　　ｄ使役の助動詞

②　ａ形容動詞の活用語尾　　ｂ受身の助動詞
　　ｃ完了の助動詞　　ｄ尊敬の助動詞

③　ａ断定の助動詞　　ｂ自発の助動詞
　　ｃ完了の助動詞　　ｄ使役の助動詞

④　ａ形容動詞の活用語尾　　ｂ自発の助動詞
　　ｃ動詞の活用語尾　　ｄ尊敬の助動詞

⑤　ａ断定の助動詞　　ｂ自発の助動詞
　　ｃ動詞の活用語尾　　ｄ使役の助動詞

ａ…「なめり」は、伝聞推定「なり」の識別を思い出せばいい。「なめり」は「ななり」と同じように「なるめり↓なんめり↓なめり」と変化したものだから、「なる」は断定の助動詞「なり」の連体形となる。これで①③⑤に絞れる。（Ｐ１８６参照）

b…「れ」は「驚か」とア段音（未然形）に続くから、受身・尊敬・自発・可能の「る」の連用形。「給う」という敬語に続いているから受身か自発であり、「驚く」という心情を表す語に続いているから自発だ。これで③⑤となる。（P181、182参照）

c…「のたまひはて／ば」と分解できるので、「て」は「のたまひはつ」という動詞の一部だ。「て」が助動詞や助詞だと考えると「のたまひは／て／ば」となるが、「のたまひは」とは言わないので、正解は⑤となる。

ちなみにd「せ」は、どの選択肢にも使役か尊敬の助動詞が入っているから、使役か尊敬か、どちらかを選べばいい。使役・尊敬の「す」が尊敬を表す語に接続する場合は尊敬が多いが、ここでは**謙譲語「奉る」に続いている**ので使役となる。やはり正解は⑤だ。（P184参照）

さて、ここまでマスターしたら、いよいよ長文の問題に挑戦しよう。

読解２　プレテストに挑戦しよう！

次は、第一回プレテストの問題だ。第二回プレテストはセンター試験とほとんど変わらないので、複数の文章から読み解く第一回の問題を選んでおいた。問題文は『源氏物語』から出され、しかも複数の文章を読まなければならないので、かなり難しいと思うが、これまで学んだことを生かして７割（35点）を目指してほしい。

とはいえ、古文を解く時間は20～25分ほどしかないので、相当早読みをしなければならない。共通テストにおいて、**早読みは重要単語や文法を覚えるのと同様に必須事項なのだ。**

そこで、早読みのコツをまとめておく。

短時間で古文を読み解く方法

1・リード文を数回黙読して、**設定や人物関係を頭に入れる**。

複数の人物が出る場合には、人物を〇で囲むと頭に入りやすい。小説の解き方と同じだ。

2・複数の問題文が出た場合は、各問題文で視点が違うことを念頭におく。

3・「を・に・ば・どもの法則」「て・ばの法則」に注意し、各接続助詞のところで立ち止まって**主語の変化を把握**する。

4・場面転換に注意して、**場面ごとに区切って読む**。特に時間の経過を表す語である、「さて」「～の頃」「～になりて」などに注意。和歌がある場合は、和歌で場面が切れることが多い。

5・**心の中で思った内容（心内表現）には（　）をつける**。「～と・とて」という言葉があるのでわかりやすい。

6・「～給ふ」「～奉る」「～侍り」など、補助動詞の敬語は読み飛ばす。「開け奉り給ひて」とあれば、「開け申し上げなさって」と訳さず「開けて」と動詞（述語部分）だけで理解する。**敬語にこだわるより、「誰が、何をしているのか」を把握することの方が大切**だ。

7・わからない単語や表現が出てきたら、前後関係から類推する。**それでもわからなければ無視してもよい**。

問題

『源氏物語』は書き写す人の考え方によって本文に違いが生じ、その結果、本によって表現が異なっている。次の【文章Ⅰ】と【文章Ⅱ】は、ともに『源氏物語』（桐壺《きりつぼ》の巻）の一節で、最愛の后《きさき》である桐壺の更衣《こうい》を失った帝《みかど》のもとに、更衣の母から故人の形見の品々が届けられた場面である。【文章Ⅰ】は藤原定家が整えた本文に基づき、【文章Ⅱ】は源光行《みつゆき》・親行《ちかゆき》親子が整えた本文に基づいている。また、【文章Ⅲ】は源親行によって書かれた『原中最秘抄《げんちゅうさいひしょう》』の一節で、【文章Ⅱ】のように本文を整えたときの逸話を記している。【文章Ⅰ】～【文章Ⅲ】を読んで、後の問い（問1～6）に答えよ。

【文章Ⅰ】

かの贈りもの御覧ぜさす。亡き人（注1）の住みか尋ねいでたりけむ、（ア）しるしの釵《かんざし》ならましかば、と思《おも》ほすも、いとかひなし。

（イ）尋ねゆく幻もがなつてにても魂《たま》のありかをそこと知るべく

絵（注2）に描ける楊貴妃《やうきひ》の容貌《かたち》は、いみじき絵師と言へども、筆限りありければ、いと匂ひ少なし。太液《たいえき》（注3）の芙蓉《ふよう》、未央《びあう》の柳も、げに通ひたりし容貌を、唐《から》めいたるよそひはうるはしうこそありけめ、なつかしうらうたげなりしを思《おぼ》し出《い》づるに、花鳥《はなとり》の色にも音《ね》にも、よそふべきかたぞなき。

【文章Ⅱ】

かの贈りもの御覧ぜさす。亡き人の住みか尋ねいでたりけむ、しるしの釵ならましかば、と思すも、いとかなし。

尋ねゆく幻もがなつてにても魂のありかをそこと知るべく

絵に描ける楊貴妃の容貌は、いみじき絵師と言へども、筆限りありければ、いと匂ひ少なし。太液の芙蓉も、げに通ひたりし容貌・色あひ、唐めいたりけむよそひはうるはしう、けうらにこそはありけめ、なつかしうらうたげなりしありさまは、女郎花《をみなえし》の風になびきたるよりもなよび、撫子《なでしこ》の露に濡《ぬ》れたるよりもらうたく、なつかしかりし容貌・気配を思し出づるに、花鳥の色にも音にも、よそふべきかたぞなき。

（注）

1　亡き人の住みか尋ねいでたりけむ、しるしの釵——唐の玄宗皇帝と楊貴妃の愛の悲劇を描いた漢詩「長恨歌」による表現。玄宗皇帝は、最愛の后であった楊貴妃の死後、彼女の魂のありかを求めるように道士（幻術士）に命じ、道士は楊貴妃に会った証拠に金の釵を持ち帰った。

2　絵——更衣の死後、帝が明けても暮れても見ていた「長恨歌」の絵のこと。

3　太液の芙蓉、未央の柳——太液という池に咲いている蓮《はす》の花と、未央という宮殿に植えられている柳のことで、いずれも美人の形容として用いられている（「長恨歌」）。

【文章Ⅲ】

亡父光行、昔、五条三品(注1)にこの物語の不審の条々を尋ね申し侍《はべ》りし中に、当巻に、「絵に描ける楊貴妃の形は、いみじき絵師と言へども、筆限りあれば、匂ひ少なし。太液の芙蓉、未央の柳も」と書きて、「未央の柳」といふ一句を見せ消《け》ち(注2)にせり。これによりて親行を使ひとして、

「楊貴妃をば芙蓉と柳とにたとへ、更衣をば女郎花と撫子にたとふ、みな二句づつにてよく聞こえ侍るを、御本(注3)、未央の柳を消たれたるは、いかなる子細の侍るやらむ」

と申したりしかば、

「我は(ウ)いかでか自由の事をばしるべき。行成卿《きやう》(注4)の自筆の本に、この一句を見せ消ちにし給ひき。紫式部同時の人に侍れば、申し合はする様こそ侍らめ、とてこれも墨を付けては侍れども、いぶかしさにあまたたび見しほどに、若菜(注5)の巻にて心をえて、おもしろくみなし侍るなり」

と申されけるを、親行、このよしを語るに、

「若菜の巻には、いづくに同類侍るとか申されし」

と言ふに、

「それまでは尋ね申さず」

と答へ侍りしを、さまざま恥《は》ぢしめ勘当し侍りしほどに、親行こもり居て、若菜の巻を数遍ひらきみるに、その意をえたり。六条院(注6)の女試楽《しがく》、女三の宮、人よりちいさくうつくしげにて、ただ御衣のみある心地す、

にほひやかなるかたはをくれて、いとあてやかになまめかしくて、二月の中の十日ばかりの青柳のしだりはじめたらむ心地して、とあり。柳を人の顔にたとへたる事あまたになるによりて、(エ)見せ消ちにせられ侍りしにこそ。三品の和才すぐれたる中にこの物語の奥義をさへきはめられ侍りける、ありがたき事なり。しかあるを、京極中納言入道(注7)の家の本に「未央の柳」と書かれたる事も侍るにや。又俊成卿の女《むすめ》(注8)に尋ね申し侍りしかば、

「この事は伝々の書写のあやまりに書き入るるにや、あまりに対句めかしくにくいけしたる方侍るにや」

と云々《しかじか》。よりて愚本にこれを用いず。

（注）1　五条三品――藤原俊成。平安時代末期の歌人で古典学者。
2　見せ消ち――写本などで文字を訂正する際、もとの文字が読めるように、傍点を付けたり、その字の上に線を引くなどすること。
3　御本――藤原俊成が所持する『源氏物語』の写本。
4　行成卿――藤原行成。平安時代中期の公卿で文人。書道にすぐれ古典の書写をよくした。
5　若菜の巻――『源氏物語』の巻名。
6　六条院の女試楽――光源氏が邸宅六条院で開催した女性たちによる演奏会。
7　京極中納言入道――藤原定家。藤原俊成の息子で歌人・古典学者。
8　俊成卿の女――藤原俊成の養女で歌人。

問1　傍線部（ア）「しるしの釵ならましかば」とあるが、直後に補うことのできる表現として最も適当なものを、次の①～⑤のうちから一つ選べ。

① いかにうれしからまし
② いかにめやすからまし
③ いかにくやしからまし
④ いかにをかしからまし
⑤ いかにあぢきなからまし

問2　傍線部（イ）「尋ねゆく幻もがなつてにても魂のありかをそこと知るべく」の歌の説明として**適当でないもの**を、次の①～⑤のうちから一つ選べ。

① 縁語・掛詞は用いられていない。
② 倒置法が用いられている。
③「もがな」は願望を表している。

④ 幻術士になって更衣に会いに行きたいと詠んだ歌である。
⑤ 「長恨歌」の玄宗皇帝を想起して詠んだ歌である。

問３　傍線部（ウ）「いかでか自由の事をばしるべき」の解釈として最も適当なものを、次の①～⑤のうちから一つ選べ。

① 勝手なことなどするわけがない。
② 質問されてもわからない。
③ なんとかして好きなようにしたい。
④ あなたの意見が聞きたい。
⑤ 自分の意見を言うことはできない。

問４　傍線部（エ）「見せ消ちにせられ侍りしにこそ」についての説明として最も適当なものを、次の①～⑤のうちから一つ選べ。

①　紫式部を主語とする文である。
②　行成への敬意が示されている。
③　親行の不満が文末の省略にこめられている。
④　光行を読み手として意識している。
⑤　俊成に対する敬語が用いられている。

問５　【文章Ⅱ】の二重傍線部「唐めいたりけむ～思し出づるに」では、楊貴妃と更衣のことが、【文章Ⅰ】よりも詳しく描かれている。この部分の表現とその効果についての説明として、**適当でないもの**を、次の①～⑤のうちから一つ選べ。

①　「唐めいたりけむ」の「けむ」は、「長恨歌」中の人物であった楊貴妃と、更衣との対比を明確にしている。

② 「けうらにこそはありけめ」という表現は、中国的な美人であった楊貴妃のイメージを鮮明にしている。
③ 「女郎花」が風になびいているという表現は、更衣が幸薄く薄命な女性であったことを暗示している。
④ 「撫子」が露に濡れているという表現は、若くして亡くなってしまった更衣の可憐《かれん》さを引き立てている。
⑤ 「○○よりも△△」という表現の繰り返しは、自然物になぞらえきれない更衣の魅力を強調している。

問6　【文章Ⅲ】の内容についての説明として最も適当なものを、次の①～⑤のうちから一つ選べ。

① 親行は、女郎花と撫子が秋の景物であるのに対して、柳は春の景物であり、桐壺の巻の場面である秋の季節に使う表現としてはふさわしくないと判断した。そこで、【文章Ⅱ】では「未央の柳」を削除した。
② 俊成の女は、「未央の柳」は紫式部の表現意図を無視した後代の書き込みであると主張した。そして、俊成から譲られた行成自筆本の該当部分を墨で塗りつぶし、それを親行に見せた。
③ 光行は、俊成所持の『源氏物語』では、「未央の柳」が見せ消ちになっていることに不審を抱いて、

親行に命じて質問させた。それは、光行は、整った対句になっているほうがよいと考えたからであった。

④　親行は、「未央の柳」を見せ消ちとした理由を俊成に尋ねたところ、満足な答えが得られず、光行からも若菜の巻を読むように叱られた。そこで、自身で若菜の巻を読み、「未央の柳」を不要だと判断した。

⑤　俊成は、光行・親行父子に対しては、「未央の柳」は見せ消ちでよいと言っておきながら、息子の定家には「未央の柳」をはっきり残すように指示していた。それは、奥義を自家の秘伝とするための偽装であった。

解説

まずは、リード文を確認しよう。問題文に入る前に、リード文を熟読して設定をつかんでおくのは鉄則だ。三度は黙読しておこう。

今回のリード文はかなり長いので、簡単に要約してみよう。

・【文章Ⅰ】【文章Ⅱ】は『源氏物語』（桐壺の巻）の一節で、最愛の后である桐壺の更衣を失った帝のもとに、更衣の母から故人の形見の品々が届けられた場面。

・【文章Ⅰ】は藤原定家が整えた本文。

・【文章Ⅱ】は源光行・親行親子が整えた本文。

・【文章Ⅲ】は源親行によって書かれた、【文章Ⅱ】のように本文を整えたときの経緯。

複雑なので混乱しそうだが、ともかくこれを頭に入れて本文を読んでみよう。

以下、文法解釈と口語訳をまとめておく。なお、「出る順単語一覧」（P155〜163）にある単語には傍線を、重要助詞には破線を引き、重要助動詞のみ○で囲み、それぞれ右に意味を書いてある。△で囲ってある接続助詞は主語（人物）が変わることを示している。

【文章Ⅰ】

かの贈りもの御覧ぜさす。亡き人の住みか尋ねいでたりけむ、しるしの釵ならましかば、
完了　過去の伝聞　断定　反実仮想
あの贈りものをお見せする。亡き人（桐壺更衣）の住処を尋ねだしたという証拠の釵であったならば

と思ほすも、いとかひなし。
（どんなにうれしかったのに）とお思いになるが、まったく無駄である。

尋ねゆく幻もがな／つてにても魂のありかをそこと知るべく
願望　二句切れ　可能
（亡き更衣の魂を）尋ねていく幻術士がいてほしいものだなぁ。人づてにでも魂のありかをどこそこと知ることができるように。

絵に描ける楊貴妃の容貌は、いみじき絵師と言へども、筆限りありければ、
存続　過去
絵に描いてある楊貴妃の容貌は、たいそうすぐれた絵師といっても、筆には限りがあったので、

いと匂ひ少なし。太液の芙蓉、未央の柳も、げに通ひたりし容貌を、
存続　過去

輝くような美しさはそれほどない。太液の芙蓉や未央の柳にも、まことに似通っていた（楊貴妃の）容貌を（思うと）、

唐めいたる[存続]よそひはうるはしうこそ[係り結び]ありけめ[過去推量]、なつかしうらうたげなりし[過去]を思し出づるに、

唐風の装いは端正であっただろうが、（桐壺の更衣の）好ましくかわいらしかった様子を思い出しなさると、

花鳥の色にも音にも、よそふべき[可能]かたぞ[強意]なき。

花鳥の色や声にも比べることができるものがない。

※【文章Ⅱ】は【文章Ⅰ】とほぼ同じなので省略。ただし、「未央の柳」という表現がないことに注意する。

【文章Ⅲ】

亡父光行、昔、五条三品にこの物語の不審の条々を尋ね申し侍りし[過去]中に、当巻に、

亡き父光行が昔、藤原俊成にこの物語の腑に落ちないことの数々を尋ね申しました中に、当巻（桐壺の巻）に

「絵に描ける[存続]楊貴妃の形は、いみじき絵師と言へども、筆限りあれば、匂ひ少なし。

「絵に描いてある楊貴妃の姿形はたいそう優れた絵師といっても、筆には限りがあるので、つややかな美しさは少ない。

太液の芙蓉、未央の柳も」と書きて、「未央の柳」といふ一句を見せ消ちにせり[存続]。

太液の芙蓉、未央の柳も」と書いて、「未央の柳」という一句を見せ消ちにしている。

これによりて親行を使ひとして、

このことで親行（私）を使いとして

「楊貴妃をば芙蓉と柳とにたとへ、更衣をば女郎花と撫子にたとふ、みな二句づつにて[断定]

「楊貴妃を芙蓉と柳とにたとえ、更衣を女郎花と撫子にたとえる（のは）みな二句ずつであって、

よく聞こえ侍るを、御本、未央の柳を消たれ[尊敬]たる[完了]は、いかなる子細の侍るに[断定]や[疑問]（あ）らむ[推量]」

響きがよく聞こえますのに、御本（俊成の写本）においては未央の柳を消されたのは、どのようなわけがあるのでしょうか」

と申したりしかば、

と申したところ

「我はいかでか自由の事をばしるべき。行成卿の自筆の本に、この一句を見せ消ちにし給ひき。紫式部同時の人に侍れば、申し合はする様こそ侍らめ、とてこれも墨を付けては侍れども、いぶかしさにあまたたび見しほどに、若菜の巻にて心をえて、おもしろくみなし侍るなり」

（俊成は）「私がどうして勝手なことをしようか（いや、するはずがない）。行成卿の自筆の本では、この一句を見せ消ちにしなさった。紫式部と同時の人でございますので、申し合わせるようなことがあるのでございましょう、と思ってこれにも墨をつけてはおりますけれども、不審に思って何度も見たうちに若菜の巻（行成の写本）で得心して、興味深いものだと思いました」

と申され《尊敬》ける《過去》を、親行、このよしを語るに、

と申されたのを、親行（私）がこのことを（亡父に）語ると

「若菜の巻には、いづくに同類侍るとか申され《尊敬》し《過去》」と言ふに、

「若菜の巻には、どこに同じような部分がありますと申されたのか」というので、

「それまでは尋ね申さず《打消》」と答へ侍りし《過去》を、さまざま恥ぢしめ勘当し侍りし《過去》ほどに、

（私が）「そこまでは尋ね申し上げない」と答えましたところ、（亡父は私を）あれこれ戒め叱りましたので、

親行こもり居て、若菜の巻を数遍ひらきみるに、その意をえたり《完了》。

私は（部屋に）こもって、若菜の巻（行成の写本）を数回開いてみると、その意味を理解した。

六条院の女試楽、女三の宮、人よりちいさくうつくしげにて、ただ御衣のみある心地す、

六条院の演奏会において、女三の宮は人より小さくかわいらしい感じで、（衣に隠れて本人が見えず）ただお着物だけある気持ちがする。

にほひやかなるかたはをくれて、いとあてやかになまめかしくて、二月の中の十日ばかりの
照り映えるような美しさの点では今少しで、たいそう上品で優雅で、二月の中の十日ぐらいの
青柳のしだりはじめたら《完了》む《婉曲》心地して、とあり。柳を人の顔にたとへたる《存続》事
青柳がしだり始めたような気持ちがして、とある。柳を人の顔にたとえていることが
あまたになるによりて、見せ消ちにせられ《尊敬》侍りし《過去》に《断定》こそ《強意》。
多くなるので、（俊成の写本では）見せ消ちになさったのでしょう。
三品の和才すぐれたる《存続》中にこの物語の奥義をさへきはめられ《尊敬》侍りける《過去》、ありがたき事なり《断定》。
俊成の和文の才能が優れている中に、この物語の奥義までもきわめられましたことはめったにない（素晴らしい）
ことである。
しかあるを、京極中納言入道の家の本に「未央の柳」
そうであるのに、京極中納言入道（藤原定家）の家の本（文章Ⅰ）に「未央の柳」

と書かれ《受身》たる《存続》事も侍るに《断定》や《疑問》。又俊成卿の女に尋ね申し侍りし《過去》かば、

と書かれたこともあるのでしょうか。さらに俊成の養女に尋ね申しましたところ

「この事は伝々の書写のあやまりに書き入るるに《断定》や《疑問》、

「このことは代々の書写の書き誤りによって書き入れたのだろうか、

あまりに対句めかしくにくいけしたる《完了》方侍るに《断定》や《疑問》」と云々。

あまりに対句めいていて（それを）よく思わず消した人もいるのでしょうか」と云々。

よりて愚本にこれを用いず《打消》。

そこで私の本（光行・親行の写本）ではこれを用いない。

問1
反実仮想の「ましかば〜まし（もし〜だったら〜だろう）」は最低限覚えなければならない文法である。

選択肢にはどれも「まし」があるので、意味を考えると、贈り物（遺品）を見せられた桐壺帝が「亡き人（桐壺更衣）の住処を尋ねだしたという証拠の釵であったならば」と思う場面なので、①の「うれしからまし」が適切。②の「めやすからまし（見た感じがよい）」③「くやしからまし」⑤「あぢきなからまし（面白くない）」では文意に合わない。また④「をかしからまし」という明るく晴れやかな気持ちでもない。

正解は①（正答率46・3％）。
基本文法なので、これは簡単だったようだ。

問2
願望の助詞「もがな」は「〜があればいいなぁ」と訳す。傍線部（イ）は「（亡き更衣の魂を）尋ねていく幻術士がいてほしいものだなぁ。（そうすれば）人づてにでも魂のありかをどこそこと知ることができるように」という意味である。これに従って選択肢を見てみよう。

① 縁語・掛詞は用いられていない。↓確かに用いられていない。
② 倒置法が用いられている。↓上の句と下の句が倒置である。
③「もがな」は願望を表している。↓その通り。
④ 幻術士になって更衣に会いに行きたいと詠んだ歌である。↓幻術士になりたいのではなく、幻術士がいてほしいと述べているので、これが誤り。
⑤「長恨歌」の玄宗皇帝を想起して詠んだ歌である。↓【文章Ⅰ、Ⅱ】の注釈1にある通り。

正解は④（正答率22・6％）。
正答率が意外に低いのは、縁語や掛詞の用法、「もがな」の意味を理解していない人が多かったのだろうと思われる。古文の基礎はしっかりとマスターしておこう。

問3
「いかでか」（副詞＋係助詞）は疑問か反語か願望で、この場合は反語。「べき」は意志なので、「どうして勝手なことをしようか。いや、しない」という意味になる。

正解は①（正答率30・5％）。

「いかでか」の反語がわからなかった人が多いようだ。問3までは基本を押さえていれば解けるので、おろそかにしないように。

また、問いに「解釈」とあれば、直訳でなくても内容が合っていればいい。これは漢文でも同じなので、覚えておこう。

さて、ここからが難しい。

問4

傍線部（エ）の「られ」は尊敬の助動詞、「侍り」は丁寧の補助動詞、「にこそ」は「にこそあらめ」あるいは「にこそはべれ」等の省略形である。以上から「見せ消ちになさったのだろう」と訳せるが、主語の特定が難しい。

話の流れを整理してみよう。

- 俊成の写本では「未央の柳」を見せ消ちにしてあった。
- 不審に思った亡父が筆者を俊成のところへ行かせて、理由を尋ねさせる。
- 俊成は「行成の写本にそうあったから見せ消ちにしたが、気になるので若菜の巻を調べてみて納得した」と言う。
・父が「若菜の巻のどこに同じようなものがあると言ったのか」と問うと、筆者は「聞かなかった」と答える。
・父から叱責された筆者は若菜の巻を見て、女性の美しさを柳にたとえる描写があったので、俊成は同じ表現がたくさんあるのはよくないと思い、桐壺の巻においても「未央の柳」を見せ消ちにしたのだろう、と思った。

つまり、傍線部（エ）の主語は俊成であり、「られ」は俊成に対する敬意、「侍り」は丁寧語で聞き手尊敬だから読者に対する敬意を表している。作者は行成の写本を見ているので、主語は行成とも思えるが、傍線部（エ）の次には「三品の和才すぐれたる中にこの物語の奥義をさへきはめられ侍りける（俊成の和文の才能が優れている中に、この物語の奥義までもきわめられました）」とあることからも、見せ消ちにしたのは俊成だと判断できる。

以上から選択肢を見てみよう。

①紫式部を主語とする文である。↓主語は俊成である。
②行成への敬意が示されている。↓主語は俊成なので、行成への敬意はない。

③親行の不満が文末の省略にこめられている。↓「にこそあらめ」や「にこそはべれ」等の省略は心情を表現するためではなく、慣用句的な表現に過ぎない。また、この部分に俊成に対する賞賛はあるが、不満は書かれていない。

④光行を読み手として意識している。↓光行はすでに亡くなっているので、読み手にはなりえない。「侍り」は読者に対する敬意である。

⑤俊成に対する敬語が用いられている。↓その通り。

正解は⑤（正答率20・5％）。

これはかなり難しい問題で、正答率が低いのもやむをえない。複数の文章から短時間でここまで読み取らせるのは無理があるので、本番ではもう少し平易になると思われる。

ちなみに、藤原定家は『新古今和歌集』の代表的歌人として知られている。モデル問題には藤原俊成の撰《えら》んだ『千載集』に関する設問があったように、共通テストでは文学史的な知識も要求しているようだ。

問5

これも難しい。二重傍線部を訳す際のポイントは「こそ～けめ」が係り結びとなって、結びが句点で終わっていないので逆接になることだ。訳はこうなる。

「（絵に描いた楊貴妃の）唐風にしていたような装いは端正で美しかったであろうが、（桐壺の更衣の）心が惹かれ可憐であった様子は、女郎花が風になびいているのよりもしなやかで、撫子が露に濡れたのよりもかわいらしく、心惹かれる容貌や態度を思い出しなさると」

つまり、逆接によって楊貴妃と桐壺の更衣を対比し、亡き更衣は比べるものがないほど素晴らしい女性であったと述べているのだ。

それでは選択肢を見てみよう。

①「唐めいたりけむ」の「けむ」は、「長恨歌」中の人物であった楊貴妃と、更衣との対比を明確にしている。
↓この場合の「けむ」は過去の伝聞か過去の婉曲である。一方、桐壺の更衣は現在の人物なので「けむ」によって対比しているといえる。この選択肢は、表面的な知識ではなく「知識の理解の質を問う」ために出したのだろうが、高校の授業で「けむ」を対比として読み取らせることはまずないので、問題として疑問が残る。

②「けうらにこそはありけめ」という表現は、中国的な美人であった楊貴妃のイメージを鮮明にしている。↓訳した通りで正しい。

③「女郎花」が風になびいているという表現は、更衣が幸薄く薄命な女性であったことを暗示している。
↓女郎花は美女の象徴であり、薄命な女性をたとえたものではない。

④「撫子」が露に濡れているという表現は、若くして亡くなってしまった更衣の可憐《かれん》さを引き立てている。↓「露」は「涙」や「消えやすいもの」のたとえであり、更衣の描写は「らうたし」とあり可憐さとも合致する。

⑤「○○よりも△△」という表現の繰り返しは、自然物になぞらえきれない更衣の魅力を強調している。↓二重傍線に続いて「花鳥の色にも音にも、よそふかたぞなき（花の色や鳥の音にも比べるものがない）」とあるので、これも正しい。

正解は③（正答率22・7％）。

この問題の正答率もかなり低い。「けむ」の件はやむをえないとしても、「露」が「涙」や「はかないもの」、「女郎花」が「美しい女性の象徴」であるのは知らなかった人が多いのではないか。文法や語意だけではなく、古文の幅広い知識も身につけておこう。

問6

【文章Ⅲ】の内容についての説明として最も適当なものを、次の①～⑤のうちから一つ選べ。

定番の問題だ。一つ一つ検討していこう。

① 親行は、女郎花と撫子が秋の景物であるのに対して、柳は春の景物であり、桐壺の巻の場面である秋の季節に使う表現としてはふさわしくないと判断した。そこで、【文章Ⅱ】では「未央の柳」を削除した。↓すべて本文に書かれていない。「未央の柳」を見せ消ちにしたのは、容貌を柳にたとえることが多かったからである。

② 俊成の女は、「未央の柳」は紫式部の表現意図を無視した後代の書き込みであると主張した（俊成の養女は誤って書き入れたのではないかと述べている。また紫式部の意図については定かではない）。そして、俊成から譲られた行成自筆本の該当部分を墨で塗りつぶし、それを親行に見せた（本文に書かれていない）。

③ 光行は、俊成所持の『源氏物語』では、「未央の柳」が見せ消ちになっていることに不審を抱いて、親行に命じて質問させた。それは、光行は、整った対句になっているほうがよいと考えたからであった。↓本文の通り。

④ 親行は、「未央の柳」を見せ消ちとした理由を俊成に尋ねたところ、満足な答えが得られず、光行からも若菜の巻を読むように叱られた（若紫の巻にある同類の部分を聞かなかったことで叱られたのである）。そこで、自身で若菜の巻を読み、「未央の柳」を不要だと判断した。

⑤ 俊成は、光行・親行父子に対しては、「未央の柳」は見せ消ちでよいと言っておきながら（俊成は光行には見せ消ちについて何も語っていない）、息子の定家には「未央の柳」をはっきり残すように

指示していた。それは、奥義を自家の秘伝とするための偽装であった（本文に書かれていない）。

正解は③（正答率29・1%）。

やはり三つの文章を比較して読むことに慣れていない人が多かったようだ。このように多面的に詠むことが共通テストの眼目になるので、本番までに習熟しておこう。

さて、出来はどうだったろうか。後半は難問が続いたので苦戦した人も多かったのではないか。ただ、本番の試験ではもう少し平易になると思うので、できなくても気にしなくていい。それよりも、このプレテストから古文の出題パターンをつかんでおこう。

3日目

漢文編

漢文特有の解法とあわせて「出る順」重要語句と重要句形を紹介！得点源の漢文で差をつけよう！

基礎　覚えるべきことは覚えよう！

漢文は現代文や古文に比べて、わかりやすく、点が取りやすいと思っている受験生が多いはずだ。

なぜなら、ほとんどの漢字が現在でも使用されているので、詳しい文法を覚えていなくても文意がわかるからだ。しかも、問題文は短く（古文の半分以下！）、覚えるべき文法や語句も圧倒的に少ない。

これで古文と同じ50点なのだから、漢文は「お得な科目」といえるだろう。

しかし、**誰もが得点源にする科目だからこそ、手を抜けば大きく差をつけられてしまう**。漢文は容易な科目でありながら、要注意科目でもあるのだ。

では、共通テストの学習はどうするのか。これは古文と同様、これまで通りでいい。複数の文章から出題され、深い解釈を求められることはあっても、「漢文が読めれば7割は解ける」ので、基礎を固めて問題演習を積めばいいのだ。

そのため、漢文編はこのような構成になっている。

基礎・頻出語句と重要句形を完全に覚える。
読解1・漢文特有の解法をマスターする。
読解2・プレテストの問題で演習を行う。

基本をマスターすれば、満点を取るのは難しいことではない。本書を有効に活用して、高得点を狙ってほしい。それでは、漢文編のスタートだ。これが最後になるので、頑張ってほしい。

一、出る順重要語句135！

漢字がわかるといっても、**漢文特有の意味・用法を理解しておかないと、文意をつかむのは難しい。**そこで最初に、最低限の知識をまとめておくので、完璧に覚えてほしい。

次の表は、センター試験（過去28年間の本試と追試）に使用された漢文特有の語句や表現を抜き出して、頻出順に並べたものだ。右から順に目を通しつつ、覚えたものをチェックしていこう。授業での知識もあるので、135語程度は簡単に覚えられるはずだ。（ただし、「不・非・之・所」等の常識レベルで判断できる語や、現代において一般的に使用される意味は省いてある）

1 **而**

①〈置き字〉	順接（～して）・逆接（～が）を表す。
②しかシテ、しこうシテ	順接として読む場合
③しかレドモ、しかルニ、しかモ	逆接として読む場合
④なんぢ	あなた

2 **也**

①なり	～である（断定）
②や	疑問・反語・主格・呼びかけ・詠嘆など

3 **可**

①べシ	～できる（可能） ～してよい（許可） ～すべきだ（当然）
②かナリ	よい

4 **亦**

①～モまた	～もまた、～と同じく
②また～ずや	なんと～ではないか（詠嘆）

5 **相**

①あひ	①たがいに ②動作の対象を示し、訳さない
②しょう、しょうタリ	宰相 宰相となる

6 **与**

①～と	～と
②ともニ（ス）	一緒に
③あたフ	与える
④くみス	味方する
⑤あづかル	関与する
⑥～より（ハ）	～よりは
⑦か・や・かな	疑問・反語・詠嘆

7 **自**

①みづから	自分から
②おのヅカラ	自然に
③より	～から

8 **若・如**

①もシ	もしも
②ごとシ	～のようだ
③しク	及ぶ
④（若）なんぢ	あなた

9 能
よク
―〜できる

10 則
すなはチ
―そこで
※「〜レバ則チ」の場合は訳さなくてもよい

11 未
いまダ〜ず
―まだ〜ない（再読文字）

12 豈
①あニ〜ンヤ　反語
②あニ〜か　疑問
③あニ〜ずや　詠嘆

13 為
①たリ　〜である
②つくル　作る
③なス　行う
④なル　〜となる
⑤ためニ　〜のために
⑥をさム　治める

14 又
また
―さらに
その上に
またもや

15 但・惟
ただ〜ノミ
―ただ〜だけ（限定形）

16 不レ可
ベカラず
―〜できない
〜してはいけない

17 乃
すなはチ
―そこで、なんと

18 然
①しかリ　そのとおり
②しかシテ　しかラバ　そして、それならば（順接）
③しかルニ　しかレドモ　しかし、それなのに（逆接）

19	於	①〈置き字〉	時間・場所・対象・目的・起点などを表す。入試では比較（〜より）、受身（〜される）がよく出題される。
		②おケル おイテ	〜での、〜における 〜で、〜に
20	乎・耶 邪・哉	①か・や	疑問
		②ンや	反語
		③かな	詠嘆
21	使・令	しム（Aヲシテ Bセシム）	〜させる（使役） AにBさせる
22	不レ能	あたハず	〜できない
23	遂	つひニ	そのまま、とうとう
24	雖	いへどモ	たとえ〜としても
25	当	まさニ〜ベシ	〜すべきだ、〜のはずだ（再読文字） きっと〜だろう
26	如レ斯 若レ是 如レ是 如レ此	かクノごとシ	このようだ
27	夫	そレ	そもそも、いったい
28	見	①みル	会う、見る、わかる
		②まみユ	お目にかかる
		③あらはル、 あらはス	現れる 現す
		④〜る、〜らル	〜される（受身）

29	已	①すでニ	すでに・もはや
		②すでニシテ	やがて
		③〜のみ	〜だけ
		④やム	終わる
30	此	コレ、コノ	これ、この
31	固	もとヨリ	もともと
32	猶	なホ〜ごとシ	ちょうど〜ようだ（再読文字）
33	且	①かツ	その上、また
		②まさニ〜ントす	〜しようとする（再読文字）
34	耳・爾 而已	のみ	〜だけ（限定形）断定・強調用法もある
35	蓋（盍）	①けだシ	思うに（「蓋」のみ）
		②なんゾ〜ざル	どうして〜しないのか。〜すればよい（再読文字）
36	所以	ゆゑん	理由、手段、方法 〜するところのもの 〜するためのもの
37	将	①まさニ〜ントす	〜しようとする（再読文字）
		②はタ	いったい
38	子	し	あなた（会話文中で使われる）
39	君子	くんし	徳のある立派な人（対義語は「小人」）
40	吏	り	役人

41	以レA為レB	（Aヲ）もっテ（Bト）なス	AをBとする AをBと思う
42	A以レB	Aスルニ Bヲもっテス	BをAする
43	故	①ゆゑニ ②ことさらニ ③ふるシ	だから わざわざ 古い
44	臣	しん	私（臣下が君主に対して自分のことを謙遜して言う）
45	嘗	かつテ	以前に
46	親	みづかラ	自分から
47	不肯	①がヘンぜず ②あヘテ～ず	承知しない しいて～しない
48	於レ是	ここニおイテ	そこで
49	所謂	いはゆる	世に言う
50	苟	いやしクモ	もし～ならば（仮定形）
51	独	①ひとり～ノミ ②ひとり～ンや	ただ～だけ（限定形） （「～哉」を伴って）反語
52	尚	たっとブ	尊重する
53	倶	ともニ	ともに、一緒に
54	竟	つひニ	結局、とうとう
55	是以	ここヲもっテ	こういうわけで

56 **易**
①やすシ ― 易しい
②かフ、かハル ― 代える、改まる

57 **孰**
①たれカ ― 誰が（疑問）
②いづレカ ― どちらが（疑問）

58 **悪**
①にくム ― 憎む
②いづクンゾ ― どうして（疑問・反語）
③いづクニカ ― どこに（疑問・反語）

59 **輒**
すなはチ ― そのたびごとに、すぐに

60 **善**
①よク ― ～するのが上手
②よくス ― 上手にできる

61 **霊**
れいナリ ― 賢い

62 **因**
よリテ ― そこで

63 **安**
①いづクンゾ ― どうして（疑問・反語）
②いづクニカ ― どこに（疑問・反語）

64 **未レ幾**
いまダいくばく ナラず ― まだいくらも たたないうちに

65 **復**
①まタ ― ふたたび
②まタ～ず（不復） ― 二度と～しない、決して～しない

66 **甚**
はなはダ ― たいへん、非常に

67 **事**
①つかフ ― 仕える
②ことトス ― 従事する、専念する

68 **各**
おのおの ― それぞれ

69 **以為ヘラク 謂ヘラク**
おもヘラク ― 思うには

70 **一日**　いちじつ　―ある日、終日

71 **礼**　れい　―決まり、礼儀

72 **宜**　①よろシク～ベシ　―～するのがよい（再読文字）
②むベナリ　―当然である

73 **由・従・自**　より　―～より

74 **抑**　そもそも　―そもそも、いったい

75 **寡**　すくなシ　―少ない

76 **専**　もっぱラ　―そればかり、ひたすら

77 **妾**　しょう　―私（女性が謙遜して言う語）

78 **勿・毋**　なカレ　―～するな

79 **中**　あツ　―当たる

80 **為ニA所レB**　AノBスルところトなル　―AにBされる（受身形）

81 **忽**　たちまチ　―すぐに、急に

82 **対**　こたフ　―答える

83 **即**　すなはチ　―すぐに

84 **仁**　じん　―慈しみや思いやり（儒教における最高の徳）

85 請願
①こフ〜セン　ねがハクハ〜セン ― どうか〜させてください（願望形）
②こフ〜セヨ　ねがハクハ〜セヨ ― どうか〜してください（願望形）

86 衆　おおシ ― 多い

87 疾　にくム ― 憎む

88 左右　さゆう ― 側近の家来

89 悉・尽　ことごとク ― すべて

90 故人　こじん ― 古くからの友人

91 何（奚・胡・曷・寧）　なんゾ ― どうして（疑問・反語）

---

92 偶　たまたま ― たまたま

93 幾何　いくばく（ゾ） ― どのくらい

94 義　ぎ ― 人として踏み行うべき正しい道

95 応　まさニ〜ベシ ― きっと〜だろう、〜すべきだ（再読文字）

96 良久　ややひさシクシテ ― しばらくして

97 由レ是言レ之　これニよリテ　これヲいハバ ― 以上のことから考えると

98 漸　ようやク ― しだいに

99 **寡人**　かじん　―私（諸侯が自分のことを謙遜して言う語）

100 **者**　①もの　―もの
②こと　―こと
③は（主格）　―～は

101 **召**　めス　―呼ぶ

102 **道**　いフ　―言う

103 **百姓**　ひゃくせい　―人民、庶民

104 **為レ人**　ひとトなり　―人柄、性格

105 **人間**　じんかん　―世間、社会

106 **適**　①かなフ　―ちょうど合う
②まさニ　―ちょうど
③たまたま　―たまたま

107 **終・卒**　ついニ　―とうとう、最後には

108 **誅**　ちゅうス　―罪をとがめて殺す

109 **知己**　ちき　―自分のことをよく理解してくれる人

110 **奏**　そうス　―帝に申し上げる

111 **遊**　あそブ　―各地を回る、歩き回る

112 **窃**　ひそカニ　―内々に　私が考えるに

113 **城**　じょう　―城壁で囲まれた街

114	天子	てんし	天下を治める者
115	宰相	さいしょう	天子を補佐して政治を行う最上位の大臣。丞相
116	諸侯	しょこう	天子から領土をもらい君主となっている者
117	須臾	しゅゆ	しばらく、わずかな間
118	謝	しゃス	謝る、お礼を言う、断る、衰える
119	暫	しばらク	少しの間
120	字	あざな	成人した男性につける本名とは別の名前
121	師	し	軍隊、戦争
122	士	し	大夫と庶民の間の身分、学徳のある者
123	以レ是	これヲもっテ	このことによって
124	交	こもごも	交互に
125	具	つぶさニ	詳しく
126	勝	①たフ	堪える
		②あゲテ	残らず
127	凡	およソ	総じて、だいたい
128	徐	おもむろニ	徐々に
129	況	いはンヤ～ヲや	まして～の場合はなおさらだ（抑揚形）

130	患	①うれフ	心配する
		②わずらフ	病気になる
131	数	しばしば	たびたび
132	上	しゃう	天子、帝、君主
133	説	①とク	説得する
		②よろこブ	喜ぶ
134	社稷	しゃしょく	国家
135	何如（何若）	いかん	どのようであるか（疑問）
	如何（奈何）（若何）	①いかん（セン）	どうしたらよいか（疑問・反語）
		②（文頭・文中にある場合）いかんゾ	反語

補説　送り仮名の訳し方

■〜〔スレ〕バ ― 〜すれば、〜すると
※古文のような確定条件は少ない

■〜〔スル〕モ ― 〜だが、〜のに（逆接）
※「連体形＋モ」は逆接に訳す

■〜〔スレ〕バナリ ― 〜だからである

セットで覚えておく語

出る順単語の中には、セットで覚えた方がいいものがいくつかあるので、まとめておく。

会話文中で「あなた」と訳す語

子《し》　公《こう》　夫子《ふうし》　卿《けい》　先生《せんせい》

会話文中で「私」と訳す語

臣《しん》　寡人《かじん》　妾《しょう》

「つひニ」と読む語

遂　終　竟　卒

「すなはチ」と読む語

即《ソク》　則《ソク》　便《ビン》　乃《ダイ》　輒《チョウ》

「儒教の徳目」に関する語

仁　慈しみや思いやり。

義　人として行うべき正しい道。

礼　社会秩序を維持するための決まり。礼儀。

頻出順「再読文字」

未　当　猶　将（且）　宜　応　蓋

二、出る順重要句形総まとめ

重要語句を覚えたら、続いて句形をマスターしよう。といっても**漢文の句形は種類が少ない上に、入試に使われるものは決まっている**ので、難しいことではない。頻出する句形と、それを使った過去問を併記しておくので、どのような形で出題されるかを理解してほしい。

●否定形

漢文で最も使われるのは否定形だ。「不」は何度も登場するし、「不可」や「不能」の使用頻度も高い。しかし、これらは訳し方だけ覚えておけば問題ないので、ここでは二重否定と部分否定についてのみ説明しておく。

まず、**二重否定構文**についてだ。**否定を重ねることで強い肯定を表している**ので、セットで肯定表現と考えよう。

★二重否定形

句形	読み・訳	例文
無《なシ》レ不《ざル》二──〔セ〕一	**～〔セ〕ざル～なシ** ～しないこと（もの）はない	**於《おイテ》レ物《ニ》無《キ》レ不《ル》レ陥《とほサ》也《なり》。** どんなものも通さないものはない。
無《なシ》レ非《あらザル》二──《ニ》一	**～ニあらザルなシ** ～でないこと（もの）はない	**無《シ》レ非《ザル》二天命《ニ》一。** 天命でないものはない。

例題

人非《ザルモ》レ不《ルニ》レ霊《ナラ》二於鼠《ヨリモ》一、制《スルコトヲ》レ鼠不《シテ》レ能《クセ》二於人《ニ》一而能《クス》二於狸《り》（注）奴《どニ》一。

（注）狸奴──猫の別称。

（2006年本試）

問　傍線部「人非レ不レ霊二於鼠一、制レ鼠不レ能二於人一而能二於狸奴一」とあるが、どのようなことを言っているのか。その説明として最も適当なものを、次の①～⑤のうちから一つ選べ。

① 人間は鼠よりも賢くすぐれているのだが、鼠をおさえることができるのは、人間ではなくて猫である。
② 人間は鼠ほどすばしこくないので、猫を利用するのでなければ、鼠を追い出すことができない。
③ 人間は鼠よりも知能が発達しているのだが、猫を飼いならすようには、鼠を飼いならすことはできない。
④ 人間は霊長類の最たるものなのだが、現実に鼠を支配することができるのは、人間ではなくて猫である。
⑤ 人間は鼠ほどずる賢くはないので、猫を捕まえることはできても、鼠を捕まえることまではできない。

まず「非ザルモ（連体形＋モ）」は逆接表現なので（頻出語の「補説」、P280参照）順接になっている②⑤が×になる。①③④の選択肢を見ると、①「人間は鼠よりもすぐれている」③「人間は鼠よりも知能が発達している」④「人間は霊長類の最たるもの」とあり、「霊」が「賢い」とか「優れている」という意味であるとわかる（頻出語61番、P275参照）。

「人非レ不レ霊二於鼠一」の「非レ不」は**二重否定**で「人は鼠より賢くないことはない＝人は鼠より賢い」と述べているので、鼠と比べていない④が×になる。「制レ鼠不レ能二於人一而能二於狸奴一」は「不能」と「能」に注意すれば、「鼠を制することは人にはできないで、猫にはできる」と訳せるので、正解は①となる。

★部分否定形

副詞を限定的に否定する用法。**全否定との違いを理解しておかないと文意を読み誤ってしまう**ので、注意が必要だ。

常《つね》ニ不《ず》二――一（セ）	**つねニ〜ず** いつも〜しない（全否定）	常ニ不レ得レ油ヲ。 いつも油を得られない。

不《ず》二常ニハ──一〔セ〕	**つねニハ〜ず** いつも〜するとは限らない（部分否定）	**不二常ニハ得一レ油ヲ。** いつも油を得られるとは限らない。
必ズ 不《ず》二──一〔セ〕	**かならズ〜ず** 必ず〜しない（全否定）	**勇者ハ必ズ不レ有ラレ仁。** 勇者は必ず仁徳を備えていない。
不《ず》二必ズシモ──一〔セ〕	**かならズシモ〜ず** 必ずしも〜するとは限らない（部分否定）	**勇者不二必ズシモ有ラ一レ仁。** 勇者が必ずしも仁徳を備えているとは限らない。

両者は副詞の位置で見分ける。副詞＋否定語ならば**全否定**、否定語＋副詞ならば**部分否定**となる。部分否定の用例として「甚《はなは》ダシクハ・倶《とも》ニハ・尽《ことごと》クハ」などもある。

不《ず》二復タ──一〔セ〕	**まタ〜ず** 決して〜しない（否定の強調） 二度と〜しない（部分否定）	**寡人不二復《ま》タ許《ゆる》サ一レ子ヲ。** 私は二度とあなたを許さない。

「不復──」は部分否定でも「復タ」と読む。

例題

筆者は自分の家にバラを植えて愛でていたが、政変に巻き込まれて左遷されてしまう。

是ノ月ノ六日、予被リ二謫(注1)書《たくしょ》ヲ一、治(注2)行シテ之ク二黄(注3)州ニ一。俗(注4)事紛然トシ、余モ亦タ遷《うつ》シレ居ヲ、
因リテ不二復省一レ花。

(注)
1　謫書――左遷を命じる文書。
2　治行――旅支度をする。
3　黄州――現在の湖北省にあった地名。
4　俗事紛然――世の中が騒がしいこと。ここでは、当時の政変で多くの人物が処罰されたことを示す。

（2013年本試）

問　傍線部「不二復省レ花」から読み取れる筆者の状況を説明したものとして最も適当なものを、次の①～⑤のうちから一つ選べ。

①　筆者は政変に際して黄州に左遷され、ふたたび海棠を人に委《ゆだ》ねることになった。

② 筆者は政変に際して黄州に左遷され、もう一度海棠を移し替えることができなかった。
③ 筆者は政変に際して黄州に左遷され、それきり海棠の花を見ることがなかった。
④ 筆者は政変に際して黄州に左遷され、またも海棠の花見の宴を開く約束を果たせなかった。
⑤ 筆者は政変に際して黄州に左遷され、二度と海棠の花を咲かせることはできなかった。

傍線部は「不復」とあるので**部分否定構文**である。「決して〜しない」「（一度は〜したけれども）二度と〜しない」という意味なので、①④が×となる。①は否定形ではなく、④は「またも〜果たせない」で全否定となっている。この訳ならば「復不二―花一」でなくてはならない。

残るのは②③⑤だが、傍線部の直前は「余も亦た居を遷し、因りて（私もまた住居を移し、そこで）」とあり、「左遷され家を移したために、花を二度と省みることができなかった」と述べている。「省みる」は文脈上、②「移し替える」や⑤「咲かせる」ではなく、③「見る」が正しい。

正解は③。

●疑問形と反語形

続いて頻出するのが疑問形と反語形だ。この基本パターンは次の三つだ。

①文末に**助字**を用いる。（乎・耶・也・邪・与など）
②**疑問詞**を用いる。
③両者を併用する。

①～（連体形）＋助字（か） ～（終止形）※＋助字（や） ※「有・無・不・非」など ②疑問詞＋～（連体形） ③疑問詞＋～（連体形）＋ 助字（や）	疑問形「～か」	①朝《ニ》三《ニシテ》而暮《ニ》四《ニセバ》、足《たル》乎《か》。 朝三にして暮れに四つにしたら足りるか。 ②今蛇安《いづクニカ》在《ル》。 今蛇はどこにいるのか。 ③何《なん》為《すレゾ》不《ル》レ去《ラ》也《や》。 どうして去らないのか。
①～（未然形）＋ン＋助字（や）		①由《よラン》レ人《ニ》乎《や》。 人の助けによることがあろうか。いや、ない。

②**疑問詞＋〜（未然形）＋ン**	**反語形「〜だろうか。いや〜ない」**	②**夫子《ふうし》安《いづクニカ》不ランレ学バ。** 先生はどこで学ばなかったろうか。いや、どんなところでも学んだ。
③**疑問詞＋〜（未然形）＋ン＋助字（や）**		③**安《いづクンゾ》知ランニ鴻《こう》鵠《こく》之志ヲ一哉《や》。** どうして大きな鳥の心が理解できようか。いや、できない。

原則として、末尾が**「ン・ンや」になっていれば反語と考えてよい。**これだけで疑問と反語の区別ができる。

★主な疑問詞一覧

・**何《なに》ヲカ**	何を	疑問・反語
・**何《なん》ゾ**	どうして	疑問・反語
・**何《いづ》レノ**	どの	疑問
・**安《いづ》クンゾ**	どうして	疑問・反語
・**安《いづ》クニカ**	どこに	疑問・反語
・**誰《たれ》（孰）カ**	だれが	疑問・反語

・孰《いづ》レカ	どちらが	疑問
・何為《なんす》レゾ	どうして	疑問・反語
・何《なに》ヲ以《もっ》テ	どうして、どのようにして	疑問・反語
・幾何《いくばく》（ゾ）	どのくらい	疑問
・～何如《いかん》（何若）	～はどうであるか	疑問
・～如何《いかん》〔セン〕（奈何、若何）	～はどうしたらよいか	疑問
・何許《いづこ》	どこ	疑問
・如何《いかん》ゾ～	どうして～か、いや～ない	反語
・如《い》二――ヲ一何《かん》セン	～をどうしたらよいか（いやどうしようもない）	疑問・反語
・豈《あ》ニ――乎〔セ〕ンや（哉・邪）	どうして～か。いや～ない	反語
・独《ひと》リ――乎〔セ〕ンや（哉）	どうして～か。いや～ない	反語
・何《なん》ゾ不《ざ》ル二――〔セ〕一	どうして～しないのか、～すればよい	反語

例題

昔秦《しん》ノ始皇問ヒテ二李信ニ一曰ハク、「吾欲スレ取ランレ荊《けい》ヲ。将軍度《はか》ルニ用ヒテ二幾《いく》何《ばく》ノ人ヲ一而足。ルヤト」

李信曰《ハク》、「不《ト》レ過《ギ》二二十万人《ヲ》一。」又問《フニ》二王《わう》翦《せんニ》一、曰《ハク》、「非《ザレバ》二六十万人《ニ》一不レ可《ナラ》。」始皇使《ム》二信《ヲシテ》伐《うタ》レ荊《ヲ》。既《ニシテ》而軍敗《レ》、復《また》欲《ス》レ使《ハント》レ翦《ヲ》。翦曰《ハク》、「大王必《ズ》不《シテ》レ得レ已《ムヲ》用《フレバ》レ臣《ヲ》、非《ザレバ》二六十万人《ニ》一不レ可《ナラ》。」始皇従《ヒ》レ之《ニ》、遂《ニ》平《ラグ》二荊《ノ》地《ヲ》一。夫《レ》王翦B豈《ニ》不《ラン》レ知《ラ》二以《テ》レ少《ヲ》撃《ツノ》レ衆《ヲ》為《たるヲ》レ利哉《や》。以《テ》為《セバ》二小変《ハ》不レ可《カラ》レ恃《たのム》、大常《ハ》不《ト》レ可《カラ》レ失《フ》也。

（1998年本試）

問　傍線部A「度用二幾何人一而足。」、傍線部B「豈不レ知二以レ少撃レ衆為レ利哉。」」の意味として最も適当なものを、次の各群の①〜⑤のうちから、それぞれ一つずつ選べ。

A　度用二幾何人一而足。

① どれだけの人数を動員しても十分ではないと考えるのか。
② どれだけの人数を動員すれば十分であると考えるのか。
③ どのような人物を登用しても十分ではないと考えるのか。
④ どのような人物を登用すれば十分であると考えるのか。
⑤ 少しの人数を動員するだけで十分であると考えるのか。

B　豈不ㇾ知㆓以ㇾ少撃ㇾ衆為㆒ㇾ利哉。
①　少ない兵力で多くの敵を攻める方が効率がよいということを知らなかったわけではない。
②　少ない兵力で多くの敵を攻める方が原則にかなっているということを知らなかったわけではない。
③　少ない兵力で多くの敵を攻める方が効率がよいということを知らなかったのではないか。
④　少ない兵力で多くの敵を攻める方が原則にかなっているということを知らなかったのではないか。
⑤　少ない兵力で多くの敵を攻める方が困難を伴うものであるということを知らなかったわけではない。

Aの問題

「幾何《いくばく》」とあり、末尾も「足ルヤ」と**「連体形＋ヤ」となっているので疑問文**である（疑問形の句形③）。「幾何」は「どのくらい」と訳すので③④⑤が×になり、傍線部を直訳すれば「どのくらいの人を用いたら足りるか」となるので②が正解。①のような否定形は本文にない。

Bの問題

「豈ニ～ンや」となっているので反語文である。③④は疑問文なので×。「少」と「衆」が対応していることに気付けば「衆」は「多い」という意味だとわかる。（重要語句86番）。直訳すると「どうして少ない兵で多くの敵を討つのが利であるのを知らないだろうか。いや、知っている」となる。「利」は⑤「困難を伴うもの」でも、②「原則にかなっている」のでもなく、①「効率がよい」が適切なので正解は①となる。

●使役形

古代中国は日本以上に**階級社会だったので、使役形が頻出する。**次の二つは絶対に覚えておこう。

使《しム》（令）二A《ヲシテ》B《〔セ〕》一	命《めいジテ》レA《ニ》B《〔セ〕シム》
AヲシテB〔セ〕シム AにBさせる	**Aニ命ジテB〔セ〕シム** Aに命じてBさせる
使《しム》二子路《ヲシテ》問《ハ》レ津《ヲ》焉。 子路に渡し場を問わせた。	**命《ジテ》二家人《ニ》一写《サシム》レ之《ヲ》。** 家の者に命じてこれを写させた。

使役の助字は**「使・令・教・遣」**などがある。通常は、「AヲシテBセシム」となって使役の助字の下にA（体言）があるが、これがない場合もあるので注意が必要だ。

また、**「命・説・勧・詔・召」**などのように使役を暗示する助字があれば、続く文章は「〜シム」と使役に読む。

例題①

楚では虎を「老虫」と言い、呉では鼠を「老虫」と言う。楚人である作者は、呉に来て宿屋に泊まった時、「老虫」がいると聞いて驚く。

余曰《ハク》、「鼠何《ゾ》名《ヅクルト》二老虫《ト》一。」童謂《フ》「呉《ノ》俗《ニ》相《ヒ》伝《フルコト》爾《しかル》耳《ト》。」嗟《あ》嗟《あ》、鼠冒《をかシ》二老虫之名《ヲ》一、至使余驚錯欲走。良《まことニ》足《レリ》レ発《スルニ》レ笑《ヒヲ》。

（2004年本試）

問　傍線部「至使余驚錯欲走」の返り点の付け方と書き下し文の組合せとして最も適当なものを、次の①～⑤のうちから一つ選べ。

① 至下使二余驚錯一欲上レ走　余をして驚錯せしめ走《に》げんと欲するに至る

② 至レ使二余驚錯欲一レ走　余をして驚錯して走げんと欲せしむるに至る

③ 至レ使二余驚錯一欲レ走　余をして驚錯せしむるに至り走げんと欲す

④ 至下使二余驚錯一欲上レ走　余をして驚錯せしめ走げんと欲せしむるに至る

⑤ 至レ使二余驚錯欲一走　余をして驚錯せんと欲せしむるに至りて走ぐ

傍線部には **「使」があるので、「AヲシテBセシム」という典型的な使役形の文**である。「Aヲシテ」の部分は「余をして」となるが、どの選択肢も「余をして」とあるので、これでは判断できない。そこで「Bセシム」の部分を見てみる。

「使ム」とは助動詞だから動詞から返ることになる。「使ム」にかかる動詞は「驚錯」「欲」「走」だが、このうち「欲走」は「走《に》げんと欲す」と返って読むので、まず⑤が×となる。

では、「驚錯」と「欲」のどちらにかかるのか。「驚錯」ならば①③の「(鼠が)私を驚かせて(鼠が)逃げようとした」となり、主語がおかしい。「欲」ならば「驚錯」も含めて②の「(鼠が)私を驚かせて逃げようとさせた」となる。私は鼠に驚いて逃げようとしたのだから、②が正しい。

④は「欲」が「使」にかかっていないのに「欲せしむる」と読ませているので×。二つの動詞に使役の意味を持たせるなら、後半の動詞に結びつければいい。

正解は②。

使役の問題は、**「使・令」といった助字がどの動詞にかかるかを見分けることが大切だ。**

例題②

胡子度《はかル》二鼠之不ルヲレ能ハレ去ル也、於イテレ是ニ命二童子一取二貍(注1)奴一置二臥(注2)内一。

(注)1　貍奴——猫の別称。　2　臥内——寝室。

(2006年本試)

問　傍線部「命二童子一取二貍奴一置二臥内一」の解釈として最も適当なものを、次の①～⑤のうちから一つ選べ。

①　童子が胡子の猫を受け取って、寝室の中へ閉じ込めた。

②　童子が胡子の猫をけしかけて、寝室の鼠を捕まえさせた。
③　胡子が童子に指示して、寝室の中で猫を捕まえさせた。
④　胡子が童子の猫をけしかけて、寝室の鼠を捕まえさせた。
⑤　胡子が童子に指示して、飼っていた猫を寝室に移させた。

傍線部の最初に**「命」と使役を暗示する語があるので、「Aニ命ジテBセシム」の形をとり**、「取㆓貍奴㆒置㆓臥内㆒」は**使役形**となる。「子どもに命じて、猫を持って来て寝室に置かせた」ということだ。「命」がかかるのは「取」と「置」の双方だが、双方にかかる場合は後者だけに「シム」をつければいいので「貍奴を取りて臥内に置かしむ」となる。

選択肢を見ると、①は使役になっていないので×。胡子が童子に命じているので③と⑤が残り、「猫を寝室に置かせた」という意味だから⑤が正解となる。

●限定形

これも頻出するが、**「ただ・ひとり～ノミ（ただ～だけ）」**と覚えるだけなので簡単だ。

惟《たダ》（唯・但・只）――ノミ	**ただ～ノミ** ただ～だけ	**但《たダ》聞《クノミ》二人語《ノ》響《ひびきヲ》一。** ただ人の話し声が聞こえるだけだ。
独《ひとり》――ノミ	**ひとり～ノミ** ただ～だけ	**今独《リ》臣《ノミ》有《リ》レ船。** 今ただ私だけが船を持っている。
耳《のみ》（已・而已・爾）	**～のみ** ～だけ	**以《テ》為《なス》二歓笑《ヲ》一爾《のみ》。** お笑い種としただけだ。

例題

筆者は一頭の騾馬《らば》を大切にしていたが、任地に下る時に遠くて連れて行くことができなかった。

時《ニ》有《リ》二騾馬三十余一、帰《ルノ》レ粤（注1）《ニ》時、尽《ク》以《テ》贈《ルニ》二同（注2）人《ニ》一、独此騾不忍棄。

（注）1　粤――地名。　2　同人――知人。

（2004年追試）

問　傍線部「独此騾不忍棄」の返り点の付け方と書き下し文の組合せとして最も適当なものを、次の各群の①～⑤のうちから一つ選べ。

独此騾不忍棄

① 独此騾不レ忍棄　独り此の騾のみ忍ばずして棄つ

② 独此騾不二忍棄一　独り此の騾は忍びて棄てず

③ 独二此騾一不二忍棄一　此の騾を独りにして忍びて棄てず

④ 独二此騾一不レ忍棄　此の騾を独りにして忍ばずして棄つ

⑤ 独此騾不レ忍レ棄　独り此の騾のみ棄つるに忍びず

「独」が限定形を表す助字であり「独リ～ノミ」となるのがわかれば、②③④が×になる。

①は「この騾馬だけ忍ばずして（思い慕わないで、あるいは、我慢しないで）捨てた」となるが、大切にしていた騾馬を捨てるのは文意に合わないので、正解は⑤。

●受身形

次の3パターンを覚えておこう。受身を表すのは他動詞であることも重要だ。

見《る(らル)》(被・為)ニ——《〔セ〕》一	**～〔セ〕る・らル** ～される	**信《ニシテ》而見《る》レ疑《ハ》。** 真実でありながら疑われる。
A《〔セ〕ラル》ニ於B《ニ》一	**BニA〔セ〕ラル** BにAされる	**労《スル》レ力《ヲ》者《ハ》、治《メラル》ニ於人《ニ》一。** 力をほこる者は人に支配される。
為《なル》ニA《ノ》所《ト》レB《〔スル〕》	**AノB〔スル〕ところトなル** AにBされる	**後《ルレバ》則《チ》為《なル》ニ人《ノ》所《ト》レ制《スル》。** 遅れれば人に支配される。

例題

宋の文人政治家蘇東坡《そとうば》（蘇軾《そしょく》）は、かつて讒言《ざんげん》にあって捕らえられ、厳しい取り調べを受け黄州に流されたが、その後復権した。都に戻る途中、東坡《とうば》はかつて自分を裁いた裁判官に出会った。

東坡戯《レテ》レ之《ニ》曰、「有蛇螫殺人、為冥《(注1)めい》官《くわん》所追《(注2)》議、法当死。

(注) 1　冥官——冥界の裁判官。古来中国では、死後の世界にも役所があり、冥官が死者の生前の行いによっ

て死後の処遇を決すると考えられていた。

2　追議――死後、生前の罪を裁くこと。

（2012年本試）

問　傍線部「有蛇螫殺人、為冥官所追議、法当死」の返り点の付け方と書き下し文との組合せとして最も適当なものを、次の①～⑤のうちから一つ選べ。

① 有レ蛇螫殺レ人、為三冥官所二追議一、法当レ死
蛇有りて螫《か》みて人を殺し、冥官の追議する所と為《な》り、法は死に当たる

② 有レ蛇螫殺レ人、為二冥官所追議一、法レ当レ死
蛇有りて螫みて人を殺さんとし、冥官の所に追議を為すは、死に当たるに法《のっと》る

③ 有レ蛇螫殺人、為二冥官一所二追議一、法レ当レ死
蛇有りて螫まれ殺されし人、冥官と為りて追議する所は、死に当たるに法る

④ 有二蛇螫一殺人、為三冥官所二追議一、法レ当レ死
蛇の螫むこと有らば殺す人、冥官の追議する所の為《ため》に、死に当たるに法る

⑤ 有レ蛇螫殺人、為冥官所二追議一、法当レ死
蛇有りて螫まれ殺されし人、為に冥官の追議する所にして、法は死に当たる

傍線部が**「〜スル所ト為ル」を使った受身形**であることに気づけば、一瞬で①が正解だとわかる。「蛇がいて噛んで人を殺し、冥界の裁判官に裁かれて、法としては死罪にあたる」というのだ。②③④の「死に当たるに法《のっと》る」は意味不明瞭。⑤も文脈上「螫まれ殺されし人」と受身形には読めない。

正解は①。

このように基本句形さえわかっていれば、即答できる問題は多い。

●詠嘆形

表の3パターンと、文末に「哉《かな》」などの助字を用いる場合がある。

何《なんゾ》——也《〔スル〕や》	**なんゾ〜や** なんと〜ことよ	**何《ゾ》楚人《ノ》多《キ》也《や》。** なんと楚人の多いことよ。
豈《あニ》不《ず》二——一哉《〔ナラ〕や》	**あニ〜ずや** なんと〜ではないか	**豈《あニ》不《ず》二誠《ノ》大丈夫《ナラ》一哉《や》。** なんと本当の優れた男ではないか。
不《ず》二亦《また》——一乎《〔ナラ〕や》	**また〜ずや** なんと〜ではないか	**不《ず》二亦楽《シカラ》一乎《や》。** なんと楽しいではないか。

例題

(注1)荊《けいノ》荘《さう》哀《あい》王《わう》猟《シ》二於(注2)雲《うん》夢《ぼうニ》一、射《テ》二(注3)随《ずい》兕《じヲ》一、中《ツ》レ之《ニ》。(注4)申《しん》公《こう》子《し》培《ばい》劫《おびやカシテ》レ王《ヲ》而奪《フ》レ之《ヲ》。

王曰《ハク》、「何《ゾ》其《レ》暴《ニシテ》而不敬《ナル》也《ト》。」命《ジテ》レ吏《ニ》誅《ちゅうセントス》レ之《ヲ》。

（注）1　荊荘哀王——春秋時代の楚国の王の名。荊は楚の別名。

2　雲夢——楚の地名。

3　随兕——水牛に似た珍獣の名前。

4　申公子培――人名。

（2000年本試）

問　傍線部「何其暴而不敬也。」の意味内容として最も適当なものを、次の各群の①～⑥のうちから一つ選べ。

何其暴而不敬也。

① なぜ申公子培は粗暴で無礼なことをするのだろうか。
② なぜ随兕は強暴で馴《な》れ親しまないのだろうか。
③ なんと申公子培は粗暴で無礼なことか。
④ なんと随兕は強暴で馴れ親しまないことか。
⑤ どうして申公子培が粗暴で無礼だといえようか。
⑥ どうして随兕が強暴で馴れ親しまないといえようか。

「何～也」は疑問を表す場合もあるが、ここでは王が怒って申公子培を殺そうとしたので、**詠嘆**と考えた方がいい。これで③④に絞れる。「暴にして不敬」だから、④「強暴で馴れ親しまない」ではなく、③「粗暴で無礼」の方が適当だろう。正解は③。句形がわかれば簡単だ。

●抑揚形

前半を軽く抑えて、後半を強く揚げる（強調する）構文。漢文特有の句形なので覚えておこう。

A《スラ》B。況《いはンヤ》C《ヲ》乎《や》。	**AスラB。いはンヤCヲや。** AでさえBだ。ましてCの場合はなおさらBだ。	**禽獣知《スラ》レ恩《ル》《ヲ》、況《いはンヤ》於《おイテ》レ人《ニ》乎《や》。** 禽獣でさえ恩を知っている。まして人間ならなおさらだ。
A且《スラッ》B。況《いはンヤ》C《ヲ》乎《や》。	**AスラかツB。いはンヤCヲや。** AでさえBだ。ましてCの場合はなおさらBだ。	**死馬且《スラかツ》買《フ》レ之《ヲ》、況《いはンヤ》生《ケル》者《ヲ》乎《や》。** 死んだ馬ですら買ったのだ。まして、生きた馬ならなおさら買う。

例題

太祖笑《ヒテ》曰《ハク》、「児衣《ノ》在《リテスラ》レ側《ニ》、尚《ホ》齧《ラル》、況《ンヤ》鞍《ノ》懸《ケタルヲ》レ柱《ニ》乎《やト》。」

（1997年追試）

問　傍線部「児衣在レ側、尚齧、況鞍懸レ柱乎。」の解釈として最も適当なものを、次の①～⑤のうちから一つ選べ。

① 身近にあった子供の衣でさえかじられるのだから、いっそ鞍を柱に懸けておいたらどうだろうか。

② 太祖の衣が子供の傍らにあってさえかじられるのだから、いっそ鞍を柱に懸けておいたらどうだろうか。

③ 身近にあった子供の衣でさえかじられるのだから、鞍を柱に懸けておくべきではなかった。

④ 太祖の衣が子供の傍らにあってさえかじられるのだから、柱に懸けてある鞍がかじられるのは当然だ。

⑤ 身近にあった子供の衣でさえかじられるのだから、柱に懸けてある鞍がかじられるのは当然だ。

「況～乎」とあるので抑揚形だとわかる。抑揚形の訳し方**「AでさえBだ。ましてCの場合はなおさらBだ」**に当てはめると、A「傍にある児衣」、B「齧られる」、C「柱に懸けた鞍」だから、「傍にある児衣でさえ齧られるのだから、まして柱に懸けた鞍の場合はなおさら齧られる」となる。

正解は⑤。

これも句形さえわかれば簡単だ。

●比較形

次の三つのパターンを覚えておこう。「於」を使う場合、「於」の上（Cの部分）には様態を表す語が入る。

A《ハ》**不**《ず》レ**如**《しカ》**(若)**レ**B**《ニ》	**AハBニしカず** AはBに及ばない	**百聞**《ハ》**不**レ**如**《しカ》二**一見**《ニ》一。 百回聞くことは一回見ることに及ばない。
A《ハ》**C**二**於B**《ヨリ(モ)》一	**AハBヨリC** AはBよりCだ	**苛政**《ハ》**猛**二**於虎**《ヨリモ》一**也**。 むごい政治は虎よりひどい。
莫《なシ》レ**如**《しクハ》**(若)**レ**A**《ニ》	**Aニしクハなシ** Aに及ぶもの（こと）はない	**衣**《ハ》**莫**《なシ》レ**如**《しクハ》レ**新**《シキニ》。 衣は新しいものに及ぶものはない。

例題

余《ガ》同門《ノ》友陶孝若《ハ》工《たくみナリ》レ為《ルニ》レ詩《ヲ》。病中信《まかセテ》二口腕《ニ》一（注1）、率《にはかニ》成《ス》二律度《ヲ》一（注2）。夫鬱（注3）莫下甚二於病一者上。

（注）

1　信口腕――口や筆にまかせて。

2 律度――韻律にかなった詩。
3 鬱――胸にこもるさまざまな感情。

（1991年追試）

問 傍線部「夫鬱莫㆘甚㆓於病㆒者㆖。」の書き下し文として、最も適当なものを、次の①～⑤のうちから一つ選べ。

① それ鬱は病より甚しきもの莫し。
② それ鬱は病より甚しきこと莫きか。
③ それ鬱は病を甚しくすること莫し。
④ それ鬱より病を甚しくするもの莫し。
⑤ それ鬱として病を甚しくすること莫かれ。

「於」の上に**「甚ダシ」という様態を表す語があるので比較形**だと判断できる。「～より」と読ませているのは①と②だが、「莫」には疑問を表す助字がついていないので、正解は①となる。「胸にこもるさまざまな感情は、病の時より甚だしいものはない」という意味だ。

●願望形

これまで設問として出題されたことはないが、本文ではしばしば出てくるので覚えておこう。

句形	読み・意味	例文
請フ ―― 〔セ〕ン	**こフ〜〔セ〕ン** どうか〜させてください	**請フ以テレ戦ヒヲ喩《たと》ヘン。** どうか戦争に喩えさせてください。
請フ ―― 〔セ〕ヨ	**こフ〜〔セ〕ヨ** どうか〜してください	
願ハクハ ―― 〔セ〕ン	**ねがハクハ〜〔セ〕ン** どうか〜させてください	**願ハクハ大王急ギ渡レ。** どうか大王様急いで渡ってください。
願ハクハ ―― 〔セ〕ヨ	**ねがハクハ〜〔セ〕ヨ** どうか〜してください	

※**「庶幾《こひねが》ハクハ」という用法もある。**

「基礎」は以上だ。頻出語と重要句形を覚えておけば容易に問題が解けることがわかっただろうか。

では、続いて漢文特有の読解方法についてまとめておこう。

読解1　漢文特有の解法をマスターしよう！

重要語句と基本句形を覚えたら、続いて**漢文特有の解法**について述べておこう。

重要なのは次の五つだ。

＼Point／

一、白文の読み方
二、対句表現の理解
三、主語の見分け方
四、パーツで解く方法
五、詩の解法

次のページから、一つ一つ説明しよう。

一、白文の読み方

漢文でしばしば出題されるのが、**白文を読ませる問題**だ。慣れていない受験生は、選択肢を見てどれが適当かを選んでいると思うが、これでは応用がきかない。少し難度が上がれば、お手上げになってしまうだろう。そこで、誰にでも理解できる簡単な方法を紹介しよう。

まず、この問題を見てほしい。

至リ二蓬《ほう》莱《らい》山《さん》ニ一留メテ二伯牙ヲ一曰ハク、「子居リテ習ヘレ之ニ。吾将迎之。」刺(注1)シテレ舡《かう》ヲ而去リ、旬(注2)時不レ返ラ。

（注）１　刺レ舡――舟をこぐ。
　　　２　旬時――十日間。

（２０１０年追試）

問　傍線部「吾将迎之」の書き下し文と解釈の組合せとして最も適当なものを、次の各群の①～⑤のうちから一つずつ選べ。

吾将迎之

①　吾、之を将迎せんと　　私が彼を送迎するつもりだ、と。
②　吾、将《ひき》ゐて之を迎へんと　　私が彼を連れて出迎えよう、と。
③　吾、将《もっ》て之を迎へんと　　私がこうして彼を出迎えよう、と。
④　吾、将に之を迎へんとすと　　私が彼を迎えるつもりだ、と。
⑤　吾、将《は》た之を迎へんと　　私がまた彼を迎えようか、と。

これは誰でもわかるだろう。**「将」は再読文字だから「まさニ～（セ）ントす」と読む**。「将」が受けるのは動詞の「迎」であり、「迎」の目的語は下の「之」だから「将に之を迎へんとす」となる。

正解は④だ。

＼Point／

再読文字をチェックし、下の動詞から返って読む！

しかし、これほど易しい問題はまず出ない。これはどうだろう。

君子不奪人所好、己ノ所ハレ不ルレ欲セ勿《なシ》レ施ス二於人ニ一。

（2006年追試）

問　傍線部「君子不奪人所好」について、（i）返り点の付け方と書き下し文、（ii）その解釈として最も適当なものを、次の各群の①～⑤のうちから、それぞれ一つずつ選べ。

（i）

① 君子不レ奪レ人レ所レ好　君子は好む所の人より奪はず
② 君子不二奪レ人所一レ好　君子は人より奪ふは好む所ならず
③ 君子不レ奪レ人所レ好　君子は人より奪はずして好まる
④ 君子不レ奪二人所一レ好　君子は人の好む所を奪はず
⑤ 君子不レ奪二人所一レ好　君子は人に好まるる所を奪はず

（ii）

① 君子は好んでいる人からものを奪わない
② 君子は人が好んでいるものを奪わない
③ 君子は人から場所を奪わないので好まれる
④ 君子は人からものを奪うことを好まない
⑤ 君子は人に好まれている場所を奪わない

この問題は**返読文字**に注意すればすぐに解くことができる。

返読文字とは**必ず下から返って読む字**だ。漢文では一般に、目的語や補語から上の述語に返るが、返読文字がある場合は、語順に関わりなく下から返って読むことになる。そのため、返読文字がわかっていれば、白文が読めるようになるのだ。返読文字をまとめると次のようになる。

不（ず）	勿・無・莫（なカレ）	被・為・見（る、らル）	使・令・教・遣（しム）
易（やすシ）	難（かたシ）	可（べシ）	不能（あたハず）
非（あらズ）	雖（いへどモ）	所以（ゆゑん）	不如・不若（しカず）
有・在（あり）	無・莫（なシ）	多（おほシ）	少（すくナシ）
与（と）	所（ところ）	如・若（ごとシ）	為（ためニ・たリ）
自・従（より）			

＼Point／

返読文字一覧は超重要なので、完璧に暗記すること！

これらを返り方によって分けておこう。

主に動詞から返る語（形容詞・形容動詞や助動詞から返る場合もある）

不（ず）	易（やすシ）	難（かたシ）	可（べシ）
不能（あたハず）	所以（ゆゑん）	所（ところ）	
勿・無・莫（なカレ・禁止）	被・為・見（る、らル・受身）	使・令・教・遣（しム・使役）	

例：「歳　月　不　待　人。」（歳月は人を待たず。）

例：「信　而　見　疑。」（信にして疑はる。）

例：「使　子　路　問　津《しん》。」（子路をして津を問はしむ。）

例：「少　年　易　老　学　難　成。」（少年老い易く学成り難し。）

例：「一寸光陰不可軽。」（一寸の光陰軽んずべからず。）

例：「鳥不能啼。」（鳥、啼《な》く能はず。）

例：「此乃臣所以去也。」（此れ乃ち臣の去る所以なり。）

主に体言や用言・助動詞の連体形から返る語

非（あらズ）	有・在（あり）	無・莫（なシ）	自・従（より）
多（おほシ）	少（すくナシ）	与（と）	為（ためニ・たリ）
如・若（ごとシ）	不如・不若（しカず）		

例：「人非木石。」（人は木石に非ず。）

例：「有備無患。」（備へ有れば患ひ無し。）

例：「花発多風雨。」（花発けば風雨多し。）

例：「欲与隣里親戚一飲。」（隣里親戚と一飲せんと欲す。）

例：「病従口入。」（病は口より入る。）

これを頭に入れて問いの傍線部を見ると、返読文字の「**不**」と「**所**」があることに気づく。両方とも動詞から返る語なので、次のようになる。

君子不奪人所好。

続いて動詞に注意しよう。

動詞の後には目的語（〜を）や補語（〜に、と、より）がくる場合が多いので、動詞の下にある目的語や補語から返ればいい。

ここでは動詞として「奪」と「好」があるが、「好」は文末なので、下から返ることはない。では「奪」はどこから返るのか。

「人」からでは「君子は人を奪はず」となって「好む所」につながらない。そこで「人の好む所」だとすれば、「君子（徳のある立派な人間）は人の好む所を奪わない」となって文意が通る。

君子不奪人所好。（君子は人の好む所を奪はず）

これは、傍線部の次の部分「己の欲せざる所、人に施す勿し（自分の望まないことは人にしない）」とも対応している。正解は（ⅰ）が④、（ⅱ）が②となる。

Point

返読文字をチェックして、下にある体言や用言などから返る！

ポイントはまだあるので続けよう。

(注1)張《ちょう》無《む》垢《こう》云《フ》、「某《それがし》見《レバ》二人家《ノ》子弟《ノ》(注2)醇《じゅん》謹《きん》及《ビ》俊敏《ナル》者《ヲ》一、愛《スルコト》レ之《ヲ》不丁啻《たダニ》如《ク》二常人之愛《スルガ》レ宝《ヲ》、唯《ダ》恐《ルルノミナラ》丙其《ノ》埋没及《ビ》傷乙損《スルヲ》之《ヲ》甲、必欲使之在尊貴之所。

(注)1　張無垢——人名。　2　醇謹——素直でつつしみ深い。　（2002年本試）

問　傍線部「必欲使之在尊貴之所」について、（a）返り点の付け方と書き下し文、（b）その解釈として最も適当なものを、次の各群の①〜⑤のうちからそれぞれ一つずつ選べ。

（a）

① 必欲レ使レ之在二尊貴之一所　必ず之を使はんと欲するは尊貴の在る所なり

② 必欲レ使三之在二尊貴之所一　必ず之をして尊貴の所に在らしめんと欲す

③ 必欲三使之在二尊貴之所一　必ず使ひの尊貴の所に在らんことを欲す

④ 必欲三使レ之在二尊貴一之所　必ず之を使ひて尊貴に在らんと欲するの所なり

⑤ 必欲使三之在二尊貴一之所　必ず欲して之をして尊貴に在らしむるの所ならん

（b）

① 必ず教え子を高い地位につかせてやりたいと思う。

② 必ず教え子を高官のもとに派遣したいと思う。

③ 必ず教え子を皇帝の役に立つ人物にしたいと思う。

④ 教え子をなんとかして出世させたいと思った結果である。
⑤ 教え子に正しい教育を施してやりたいと思う理由である。

傍線部には**「使」があるので使役形の文**だとわかる。使役形の基本は「AヲシテBセシム」だから「之をして」と読み、これだけで②と⑤に絞れる。続いて「使」は動詞から返る返読文字だから、その下を見ると「在」がある。「在」↓「使」だ。

必欲使之在尊貴之所。

また、動詞は下にある目的語や補語から返るので、この場合は「尊貴之所」が補語となっている。同じく「欲」も動詞だから、その下の部分「使之在尊貴之所」が目的語に相当する部分となる。つまり、こうだ。

必欲使之在尊貴之所。

「在」の補語

「欲」の目的語相当部分

正解は（a）が②。意味は「尊貴の所に在らしめんと欲す（高い地位につかせたいと願う）」だから、（b）の正解は①となる。

＼Point／

基本句形をチェックして、その句形に従って読む！
動詞をチェックして、下にある目的語や補語から返る！

これで終わりだ。ポイントを重要順にまとめてみよう。

1・**基本句形**をチェックする。
　使役形、反語形、受身形等が使われていれば、その句形に従って読む。
2・**再読文字**をチェックして、下にある動詞から返る。
3・**返読文字**をチェックして、下にある体言や用言などから返る。
4・**動詞**をチェックして、下にある目的語や補語から返る。

これで大体読めるが、それでもわからない場合は選択肢を見て文脈を判断しよう。**選択肢が、ぐちゃぐちゃと長い文章になっているものは大抵×だ。**正解はシンプルですっきりしたものが多い。

では、これを使って難度の高い問題に挑戦しよう。

苟《シクモ》能《ク》以《テ》二責《ムル》レ人《ヲ》之心《ヲ》一責《メ》レ己《ヲ》、恕《ゆるス》レ己《ヲ》之心《モテ》恕《サバ》レ人《ヲ》、不患不至聖賢地位也。」

（2011年追試）

問　傍線部「不患不至聖賢地位也」について、返り点の付け方と書き下し文の組合せとして最も適当なものを、次の①〜⑤のうちから一つ選べ。

① 不レ患レ不レ至二聖賢地位一也　聖賢の地位に至らざるを患《うれ》へざるなり。

② 不レ患不レ至二聖賢地位一也　患へずんば聖賢の地位に至らざるなり。

③ 不レ患レ不レ至二聖賢一地位也　聖賢に至らざるを患へざる地位なり。

④ 不レ患不レ至聖賢地位也　患へず至らざるは聖賢の地位なり。

⑤ 不レ患下不レ至二聖賢一地位上也　聖賢に至らざるの地位を患へざらんや。

基本句形は否定形だけで、再読文字もない。わかりやすい手がかりがないので難しく感じるだろうが、基本に従って解いてみよう。

まず、返読文字の「不」が二つあり、「不」は動詞から返るので、「患」↓「不」、「至」↓「不」となる。

不　患　不　至　聖　賢　地　位　也。

続いて動詞「至」だ。これは下の「聖賢地位」から返り、「聖賢地位に至らず」と読めるので、①②に絞れる。動詞「患フ」は「心配する・案じる」という意味であり、何を心配するかといえば、下の「不至聖賢地位（聖賢の地位に至らないこと）」だから、

不　患　不　至　聖　賢　地　位　也。

となる。上の部分から続けて訳してみると「もしも、人を責める心で自分を責め、自分を許す心で人を許せば、聖賢の地位に至らないことを心配することはない（聖賢の地位に至る）」となり、文意も通る。

正解は①。白文の読み方は一般入試でもよく出題されるので、この方法をしっかりと覚えておこう。

二、対句表現の理解

漢文では、同じような文章を繰り返す**対句表現**が多用される。駢儷体《べんれいたい》という技法の一つだが、入試ではこれを使った問題がよく出される。

例として次の問題を見てみよう。

(注1)孟《まう》孫《そん》陽《やう》問ヒテ二(注2)楊《やう》子《し》ニ一曰ハク、「有リレ人二於此《ここ》ニ一、貴ビレ生ヲ愛シレ身ヲ、以テ求ムレ不ランコトヲレ死セ。可ナラン乎《か》ト。」曰ハク、「理トシテ無シトレ不ルハレ死セ。」「以テ求ムルハ二久シク生キンコトヲ一、可ナラン乎ト。」曰ハク、「理トシテ無シ二久シク生キルモノ一。A生非三貴レ之所ニ能ク存一。身ハ非ズト三愛シテレ之ヲ所ニ能ク厚クスル一。」

（1996年本試）

（注）1　孟孫陽――人名。楊子の弟子。

2　楊子――戦国時代の人。楊朱。

問　傍線部A「生非三貴レ之所ニ能存一。」の読み方として最も適当なものはどれか。次の各群の①～⑤のうちから一つずつ選べ。

A　生非㆔貴㆑之所㆓能存㆒。

①　生は之《ゆ》くを貴び能を存する所に非ず。
②　生は之《こ》れを貴んで能く存する所に非ず。
③　生は之《こ》れ貴ばれて能を存する所に非ず。
④　生は之《ゆ》くを貴んで能く存する所に非ず。
⑤　生は之《こ》れ貴ばれて能く存する所に非ず。

さて、傍線部Aとそれに続く文章（Bとする）が対句になっているのに気づいただろうか。

A　生　非㆔　貴㆑　之　所㆓　能　存㆒。
⇔　⇔　⇔　⇔
B　身　非㆔　愛㆑　之　所㆓　能　厚㆒。

このように二つの文章は見事に対応している。返り点のつけ方や、「非・之・所・能」の位置も全く同じなので、**傍線部AはBのように読めばいいのだ。**Bの「愛」は「愛して」とあるので、Aの「貴」

は「貴んで」、Ｂの「之」は「之れを」なので、Ａの「之」も「之れを」となる。つまり、こうだ。

Ａ　生は之れを貴んで能く存する所に非ず。

→　　→　　→

Ｂ　身は之れを愛して能く厚くする所に非ず。

正解は②。

〔訳〕孟孫陽が楊子に尋ねて言うには「ここに人がいて生を尊び、その身を愛して死なないことを求める。そんなことができるのか」と。（楊子が）言うには「理屈として死なないことはない」と。（孟孫陽が）言うには「永久に生きることはできるのか」と。（楊子が）言うには「理屈として永久に生きるものはいない。生はこれを尊んでも永久に生きることはできず、身はこれを愛しても永久に保持することはできない」と。

三、主語の見分け方

どんな文章でも主語の見分けは必須だが、漢文においてはそれほど難しくない。主語が明記されていないのは、原則として読者が理解できる場合であり、次の四つに大別できる。

1・直前の文章の主語を引き継いでいる場合。
2・台詞が連続する場合。二人が会話しているので、主語は交互に変わる。
3・台詞の中で話者の動作を述べる場合。
4・冒頭に人名があり、その人物について記した文章の場合。文章中で主語の指定がなければ、原則としてその人物が主語となる。

1〜3については説明するまでもないだろう。だが、4については意外に知らない人が多いので、説明しておこう。

まずは、次の問題を解いてほしい。

初メ、臨(注1)為リ二殿(注2)中侍御史ト一、正スレ班ヲ(注3)。大(注4)夫韋《ゐ》挺《てい》責ムルニ以テス二朝(注5)列ノ不ルヲレ粛ナラ。臨曰ハク、「此レ将《そ》レ為《た》リ二小事一、不二以テ介セレ意ニ一。請フ俟《ま》タント二後命ヲ一。」翌日、挺離レ班ヲ与二江(注6)夏王道《だう》宗《そう》一語ル。A趨《はしり》進ミテ曰ハク、「王乱ストレ班ヲ。」B将ニレ弾ゼントレ之ヲ。道宗曰ハク、「共ト二公卿大夫一語ル。」臨曰ハク、「大夫モ亦タ乱セリトレ班ヲ。」挺失ヒテレ色ヲ而退ク。同列莫シレ不ル二悚(注7)《しょう》動《どう》セ一。

（2001年本試）

（注）1　臨――人名。「唐臨」のこと。
2　殿中侍御史――御史大夫に従属する官。
3　班――儀式における席次。
4　大夫――御史大夫を示す。
5　朝列不粛――朝廷での儀式の列が整っていないこと。
6　江夏王道宗――唐の王族のひとり。
7　悚動――恐れて震えあがること。

問　傍線部A「趨進曰」・B「将レ弾レ之」の主語として最も適当な組合せを、次の①～⑥のうちから一つ選べ。

①　A　唐臨　B　唐臨
②　A　唐臨　B　道宗
③　A　唐臨　B　韋挺
④　A　韋挺　B　唐臨
⑤　A　韋挺　B　道宗
⑥　A　韋挺　B　韋挺

文章から主語を見分けようとすると難しいので、**「4・冒頭に人名があり、その人物について記した文章の場合。文章中で主語の指定がなければ、原則としてその人物が主語となる」**に従って考えてみよう。

まず冒頭に「初め臨」とあるので、この文章は唐臨について書いたものだとわかる。他に韋挺と道宗という人物が登場するが、二人の台詞や行動には主語が明記されているので、**それ以外の主語は唐臨となる**。つまり、D、Eともに唐臨なので正解は①となる。

文意においても、唐臨は席次を正す殿中侍御史になったのだから、王に対して席を乱していると注意し、断罪しようとしたのは当然、唐臨である。

〔訳〕初め、唐臨は殿中侍御史となり、儀式における席次を正した。御史大夫の韋挺は朝廷での儀式の席が整っていないことで唐臨を責めた。唐臨が言うには「これは小さなことです。気にすることはありません。どうか後の命令を待たせてください」と。翌日、韋挺は列を離れて江夏王の道宗と話していた。（唐臨が）走って進み出て言うには「王は席を乱しております」と。（唐臨は）王を断罪しようとした。道宗が言うには「公卿大夫（韋挺）と語っていたのだ」と。唐臨が言うには「大夫もまた席を乱しております」と。韋挺は顔色を失って退いた。その列にいた者で恐れて震えあがらない者はいなかった。

四、パーツで解く方法

パーツとは部品・部分のことだ。漢文には**特定の語を見るだけで解ける問題が結構ある。**問題文の意味がわからなくても傍線部と選択肢を見るだけで正解がわかるのだ。信じられない人もいると思うので、実際にやってみよう。

例えば、こんな問題だ。

孰　能　使㆓之　然㆒

（1992年本試）

問　傍線部「孰能使㆓之然㆒」の読み方として最も適当なものを、次の①〜⑤のうちから一つ選べ。

① 孰《たれ》ぞ能《よ》く之を然らしめん。
② 孰《たれ》の能《のう》か之《ゆ》きて然らしめん。
③ 孰《たれ》か能《よ》く之をして然らしめん。
④ 孰《いづく》んぞ能《よ》く之を然りとせしめん。
⑤ 孰《いづ》れの能《のう》か之をして然らしめん。

ポイントになるのは「使」と「能」だ。

執能使之然

「使」があるので「Aヲシテ Bセシム」という使役形である。「之をして」と読ませているのは③と⑤だけであり、「能」を「能《よ》ク」と読んでいるのは③なので、正解は③となる。

たったこれだけだ。この問題は白居易の漢詩から出題されているが、意味などわからなくても一瞬で判断できるだろう。

もう一つ、難度の高い問題を紹介しよう。

世(注1)之学《ブ》者、動《モスレバ》以《テ》二杜(注2)《と》詩《ヲ》一為《シ》二難解《ト》一、不二肯《ヘテ》一《タビモ》過《とほサ》レ目《ヲ》。所《ノ》二咿(注3)《い》哦《がスル》一者《ハ》、非《ザレバ》二

(注4)宋《そう》・明《みんニ》一即《チ》晩唐《ナリ》。詎《なんゾ》知《ランヤ》、薫(注5)《くん》染《せんスルコト》既《ニ》深《ク》、後雖《モ》レ欲《スト》レ進《マント》二乎杜《ニ》一、也《また》可《キカヲ》レ得乎。

(注) 1　世之学者――近ごろの、学問文芸を修めようとする人。
2　杜詩――杜甫の詩。唐代の詩は、初唐・盛唐・中唐・晩唐の四つの時期に区別され、杜甫は盛唐の人。
3　咿哦――吟詠する。朗唱する。

4　宋・明――ここでは、宋代・明代の詩を指す。
5　薫染――影響を受けること。

（２０１０年本試）

問　傍線部「詎知、薫染既深、後雖レ欲レ進二乎杜一、也可レ得乎」の解釈として最も適当なものを、次の①～⑤のうちから一つ選べ。

① 詩を学ぶ者は、宋代・明代の詩や晩唐の詩の影響をすでに色濃く受けていることを知っているので、のちに自分から杜詩を学ぼうとはしないのだ。

② 詩を学ぶ者は、宋代・明代の詩や晩唐の詩の影響をすでに色濃く受けてはいても、のちに杜詩を学べばまた得るところがあるのを知らないのだ。

③ 詩を学ぶ者は、宋代・明代の詩や晩唐の詩の影響をすでに色濃く受けてしまっているが、のちに杜詩を学ぼうとするのに何の妨げもないことを知らないのだ。

④ 詩を学ぶ者は、宋代・明代の詩や晩唐の詩の影響をすでに色濃く受けてしまっていることを知らないので、のちに杜詩を学ぼうとしても、もはや得るところはないのだ。

⑤ 詩を学ぶ者は、宋代・明代の詩や晩唐の詩の影響をすでに色濃く受けてしまっているので、のちに杜詩を学ぼうとしても、もはやできなくなっていることを知らないのだ。

これは受験生を悩ませた問題だ。文意を考えれば考えるほど混乱してしまい、余計な時間をかけた挙句に外してしまった人は多い。

しかし、パーツを見れば、簡単に解けるのだ。「**詎知**」と「**雖**」に注意してみよう。

詎知、薫染既深、後雖レ欲レ進二乎杜一、也可レ得乎。

「詎《なん》ゾ知ランヤ」は**反語で「知らない」という意味**だから、文末が「知らないのだ」となっている②③⑤に絞れる。「雖《いへど》も」は「たとえ〜としても」と**逆接の仮定を表す**ので、「学ぼうとしても」とある⑤が正解になる。たったこれだけだ。

このような問題は意外に多いので、悩んだりした時はパーツに注意しよう。一気に時間が短縮できるはずだ。

五、詩の解法

センター試験では、時おり思い出したように詩が出題された。2010年本試では設問に含まれ、2014年の追試は、問題文のほとんどが詩だった。しかし、詩といっても特別な読み方があるわけではない。普通の文章のように読めばいいだけだ。

ここでは詩の問題を解くための最低限の知識と、その解法をまとめておくので、参考にしてほしい。

●詩の形式

・四行詩→**絶句（近体詩）**…起句、承句、転句、結句で構成される。
・八行詩→**律詩（近体詩）**…二句ずつを一まとまりとし、首聯《しゅれん》、頷聯《がんれん》、頸聯《けいれん》、尾聯《びれん》で構成される。
・それ以外→**古詩か楽府《がふ》（古体詩）、排律（近体詩）**

●押韻

・絶句も律詩も、**偶数句末**にある。
・七言の場合は原則として第一句末を含む。（ない場合もある）

・古詩や楽府は、偶数句末が多いが不定。韻が変わる場合もある。

●対句

・律詩の三句と四句（頷聯）、五句と六句（頸聯）は**必ず対句**となっている。
・絶句や古詩の場合は、隣接する句から探す。

以上を覚えたら問題を解いてみよう。

我来リテ二揚子江頭ニ一望メバ
一片ノ白雲数点ノ□
安クンゾ得ン丁置キ二身ヲ天(注)柱ノ頂ニ一
倒《さかしまニ》看ルヲ丙日月ノ走ルヲ乙人間ヲ甲

（注）天柱――神話の中に出てくる、天を支えているという柱。

（2007年本試）

問　傍線部「一片白雲数点□」について、（a）空欄に入る語と、（b）この句全体の解釈との組合せとして最も適当なものを、次の①～⑤のうちから一つ選べ。

①（a）淡――（b）白い雲の切れ間から数本の淡い光が差し込んでいる。
②（a）楼――（b）空の片隅に浮く白い雲と幾つかの建物が見えている。
③（a）雨――（b）白い雲が空一面に広がり雨がぽつぽつと降り始める。
④（a）山――（b）ひとひらの白い雲と幾つかの山があるばかりである。
⑤（a）鳥――（b）空には一つの白い雲が漂い数羽の鳥が飛んでいる。

オーソドックスな空欄補充問題だ。二句末に空欄があるので、**押韻**を使えばいい。この詩は七言絶句だから押韻は**第一句末と偶数句末**になる。第一句末は「望」、二句末は「□」、四句末は「間」で、〈望（bou）、□、間（kan）〉だが、望（bou）と間（kan）は韻が合わないので、**七言の原則から外れたケースだと考えればいい**。つまり、偶数句末の〈□、間（kan）〉が韻を踏んでいるのだ。

選択肢で（an）という韻を踏む語を探すと、①淡（tan）と④山（san）になる。

続いて、漢文特有の**対句構造**に注意すると、二句は上下で対句構造になっているのがわかる。

一片　　白雲

⇔　　⇔

数点　（　）

「一片」と「数点」が対応しているので、「白雲」と対応するのが「淡」なのか「山」なのかを考える。

「白雲」は名詞なので、対応するのは「淡（形容詞）」ではなく「山（名詞）」となる。

正解は④。

実に簡単な問題だ。押韻と対句構造さえ押さえていれば、瞬時に解けるだろう。

読解2　プレテストを解いて問題慣れをしよう！

本書の学習もいよいよこれで最終段階だ。2回分のプレテストを用意したので、これまで学んだことを使って解いてみよう。【問題1】が第一回、【問題2】が第二回プレテストの問題だ。

問題1

問　次の【文章Ⅰ】は、殷《いん》王朝の末期に、周《しゅう》の西伯《せいはく》が呂尚《りょしょう》（太公望《たいこうぼう》）と出会った時の話を記したものである。授業でこれを学んだC組は太公望について調べてみることになった。二班は、太公望のことを詠んだ佐藤《さとう》一斎《いっさい》の漢詩を見つけ、調べたことを【文章Ⅱ】としてまとめた。【文章Ⅰ】と【文章Ⅱ】を読んで、後の問い（問1～7）に答えよ。なお、返り点・送り仮名を省いたところがある。

【文章Ⅰ】

呂尚ハ蓋シ(1)嘗窮困シ、年老イタリ矣。以テ二漁釣一ヲ奸《もとム》(注1)二周ノ西伯一ニ。A西伯将出猟卜之。曰《ハク》、「所《ハ》レ獲《ル》非《ズ》レ龍《ニ》、非《ズ》レ彲《みづちニ》、非《ズ》レ虎《ニ》、非《ズ》レ羆《ひぐまニ》。所《ハ》レ獲《ル》覇王之輔《たすケナリト》。」於《イテ》レ是《ニ》周《ノ》西伯猟《かリス》。(ア)果《ハ》遇《フ》二太(注2)公《ニ》一於渭(注3)《ゐ》之陽《きたニ》一。(2)与語《リテ》大説《イニよろこビテ》曰《ハク》、「自《リ》二吾(注4)《ガ》先君太公一曰《ハク》、(イ)『当《ニ》下有《リテ》二聖人一適《ゆク》上レ周《ニ》。周以《テ》興《ラント》。』B子《ハ》真《ニ》是《レナルか》邪。吾《ガ》太公望《ムコト》レ子《ヲ》久《シト》矣。」故《ニ》号《シテ》レ之《ヲ》曰《フ》二太公望《ト》一。載《セテ》与倶《ニ》帰《リ》、立《テテ》為《スト》レ師《ト》。

（司馬遷《しばせん》『史記《しき》』による。）

（注）1　奸——知遇を得ることを求める。
2　太公——ここでは呂尚を指す。
3　渭之陽——渭水《いすい》の北岸。渭水は、今の陝西《せんせい》省を東に流れて黄河に至る川。
4　吾先君太公——ここでは西伯の亡父を指す（なお諸説がある）。

【文章Ⅱ】

佐藤一斎の「太公垂釣の図」について

平成二十九年十一月十三日
愛日楼高等学校二年C組二班

太公垂釣ノ図　　佐藤一斎

謬《あやまリテ》被《れ》二文王ニ載セ得テ帰ラ一　　不本意にも文王によって周に連れていかれてしまい、
一《いっ》竿《かんノ》風月与レ心違《たがフ》　　釣り竿《ざお》一本だけの風月という願いとは、異なることになってしまった。
想《おもフ》君《ガ》牧《ぼく》野《や》鷹《よう》揚《やうノ》後　　想うに、あなたは牧野で武勇知略を示して殷を討伐した後は、
夢《ハ》在《ラン》二磻《はん》渓《けいノ》旧釣《てう》磯《きニ》一　　磻渓の昔の釣磯《つりいそ》を毎夜夢に見ていたことであろう。

幕末の佐藤一斎（一七七二〜一八五九）に、太公望（呂尚）のことを詠んだ漢詩があります。太公望は、七十歳を過ぎてから磻渓（渭水のほとり）で文王（西伯）と出会い、周に仕えます。殷との「牧野の戦い」では、軍師として活躍し、周の天下を盤石のものとしました。しかし、その本当の思いは？

C佐藤一斎の漢詩は、【文章Ⅰ】とは異なる太公望の姿を描きました。

ある説として、この漢詩は佐藤一斎が七十歳を過ぎてから昌平坂《しょうへいざか》学問所（幕府直轄の学校）の教官となり、

その時の自分の心境を示しているとも言われています。

狩野探幽《かのうたんゆう》画「太公望釣浜図」
日本でも太公望が釣りをする絵画がたくさん描かれました。

〈コラム〉

太公望＝釣り人？

文王との出会いが釣りであったことから、今では釣り人のことを「太公望」と言います。【文章Ⅰ】の、西伯が望んだ人物だったからという由来とは違う意味で使われています。

問1　波線部(1)「嘗」・(2)「与」の読み方として最も適当なものを、次の各群の①～⑤のうちから、それぞれ一つずつ選べ。

(1)「嘗」

①かつて　②こころみに　③すなはち
④なめて　⑤なんぞ

(2)「与」

①あたへ　②あづかり　③ここに
④すでに　⑤ともに

問2　二重傍線部（ア）「果」・（イ）「当」の本文中における意味として最も適当なものを、次の各群の①～⑤のうちから、それぞれ一つずつ選べ。

（ア）「果」

①たまたま　②案の定　③思いがけず
④やっとのことで　⑤約束どおりに

（イ）「当」

①　ぜひとも～すべきだ　②　ちょうど～のようだ　③　どうして～しないのか

④　きっと～だろう　⑤　ただ～だけだ

問3　傍線部A「西伯将出猟卜之」の返り点の付け方と書き下し文との組合せとして最も適当なものを、次の①～⑤のうちから一つ選べ。

①　西伯将㆓出㆑猟卜㆒㆑之　西伯将に猟《か》りに出《い》でて之を卜《うらな》ふべし

②　西伯将出猟卜㆑之　西伯の将出でて猟りして之を卜ふ

③　西伯将出㆑猟卜㆑之　西伯将《は》た猟りに出でて之を卜ふか

④　西伯将㆑出㆑猟卜㆑之　西伯猟りに出づるを将《ひき》ゐて之を卜ふ

⑤　西伯将㆓出猟㆒卜㆑之　西伯将に出でて猟りせんとし之を卜ふ

問4　傍線部B「子真是邪」の解釈として最も適当なものを、次の①～⑤のうちから一つ選べ。

①　我が子はまさにこれにちがいない。

② あなたはまさにその人だろうか、いや、そんなはずはない。
③ あなたはまさにその人ではないか。
④ 我が子がまさにその人だろうか、いや、そんなはずはない。
⑤ 我が子がまさにその人ではないか。

問5 【文章Ⅱ】に挙げられた佐藤一斎の漢詩に関連した説明として正しいものを、次の①～⑥のうちから、**すべて**選べ。

① この詩は七言絶句という形式であり、第一、二、四句の末字で押韻している。
② この詩は七言律詩という形式であり、第一句と偶数句末で押韻し、また対句を構成している。
③ この詩は古体詩の七言詩であり、首聯《しゅれん》、頷聯《がんれん》、頸聯《けいれん》、尾聯《びれん》からなっている。
④ この詩のような作品は中国語の訓練を積んだごく一部の知識人しか作ることができず、漢詩は日本人の創作活動の一つにはならなかった。
⑤ この詩のような作品を詠むことができたのは、漢詩を日本独自の文学様式に変化させたからで、日本人は江戸時代末期から漢詩を作るようになった。
⑥ この詩のように優れた作品を日本人が多く残しているのは、古くから日本人が漢詩文に親しみ、自らの教養の基礎としてきたからである。

問6　【文章Ⅱ】の［　］で囲まれた〈コラム〉の文中に一箇所誤った箇所がある。その**誤った箇所**を次のA群の①～③のうちから一つ選び、**正しく改めたもの**を後のB群の①～⑥のうちから一つ選べ。

A群
① 文王との出会いが釣りであった
② 釣り人のことを「太公望」と言います
③ 西伯が望んだ人物だったから

B群
① 文王が卜《うらな》いをしている時に出会った
② 文王が釣りをしている時に出会った
③ 釣りによって出世しようとする人のことを「太公望」と言います
④ 釣り場で出会った友のことを「太公望」と言います
⑤ 西伯の先君太公が望んだ人物だったから
⑥ 西伯の先君太公が望んだ子孫だったから

問7　【文章Ⅱ】の傍線部C「佐藤一斎の漢詩は、【文章Ⅰ】とは異なる太公望の姿を描きました。」とあるが、佐藤一斎の漢詩からうかがえる太公望の説明として最も適当なものを、次の①～⑥のうちから一つ選べ。

① 第一句「謬りて」は、文王のために十分に活躍することはできなかったという太公望の控えめな態度を表現している。
② 第一句「謬りて」は、文王の補佐役になって殷を討伐した後の太公望のむなしさを表現している。
③ 第二句「心と違ふ」は、文王に見いだされなければ、このまま釣りをするだけの生活で終わってしまっていたという太公望の回想を表現している。
④ 第二句「心と違ふ」は、殷の勢威に対抗するために文王の補佐役となったが、その後の待遇に対する太公望の不満を表現している。
⑤ 第四句「夢」は、本来は釣磯で釣りを楽しんでいたかったという太公望の望みを表現している。
⑥ 第四句「夢」は、文王の覇業が成就した今、かなうことなら故郷の磻渓の領主になりたいという太公望の願いを表現している。

解説

複数の文章と会話文から出題されているが、現代文や古文と同じように、それぞれ視点が違うことを認識しておこう。（配点は決められていない）

問1

あまりに簡単な問題である。「嘗」は高校一年の最初に習う語で「かつて」と読む。「与」は様々な用法のある重要語句だが（出る順重要語句６番参照）、ここでは太公（呂尚）と西伯が一緒に語る場面だから「ともに」と読む。

正解は、（1）①（正答率77・0％）、（2）⑤（正答率64・6％）。

問2

（ア）「果」は「はたして」、（イ）「当」は「まさに～べし」と読む再読文字。

（ア）「果たして」は「予想していた通りであるさま」を表し「案の定」とか「やはり」と訳す。それがわからなくても、西伯は占い師から「覇王の補佐役になる者と出会うだろう」と言われているので、②「案の定」となる。

「当」（まさに～べし）は通常、当然の意味として「～べきだ、～はずだ」と訳す（出る順重要語句25番参照）。

「～べきだ」となっているのは①だが、ここは亡父が「聖人がいて、周に赴く。そうすれば周は強国になるだろう」という部分なので「ぜひとも聖人がいて、周に赴くべきだ」とするのは文意としておかしい。他を見ると、②「～のようだ」という比況の意味や、③「～しないのか」という疑問、⑤「～だけだ」という限定の意味はない。残る④の「きっと～だろう」（強い推量）は、「～はずだ」とほぼ同義なので、これが正解となる。

正解は（ア）②（正答率12・6％）、（イ）④（正答率26・1％）。

驚くほど正答率が低い。「果」も「当」もよく見るだけに、わかったつもりになっていたのではないか。頻出語の用法はしっかりマスターしておこう。

問3

「将」は再読文字で「まさに～んとす」と読むので、これだけで⑤が正解だとわかる。

「将」には他に、②の「しょう（将軍）」、③の「はた（いったい）」、④の「ひきゐる」と読む場合がある。

「はた」と読む③は、疑問文では文意に合わない。④は「狩りに出る者を率いて、これを占う」となり、意味が通らない。②は西伯を将としているが、【文章Ⅱ】からわかるように西伯は王（文王）である。

正解は⑤（正答率30・3％）。

これも「将」の用法を理解しているかがポイントになっている。出る順重要語句は完璧にマスターしておこう。

問4

「子」は「こ」あるいは「し（あなた）」と読むが、ここで西伯が呂尚に向けて語っているので「し（あなた）」が正しい。これで②と③に絞れる。傍線部に続いて「私の亡父は、長い間あなたのことを待ち望んでいた」とあるので、②の反語形はおかしい。

正解は③（正答率41・5％）。

問5

各選択肢の間違いを指摘してみよう。

① この詩は七言絶句という形式であり、第一、二、四句の末字で押韻している。

② この詩は七言律詩（四行詩だから律詩ではなく絶句である）という形式であり、第一句と偶数句末で押韻し、また対句を構成している（対句はない）。

③ この詩は古体詩の七言詩であり、首聯《しゅれん》、頷聯《がんれん》、頸聯《けいれん》、尾聯《びれん》からなっている（四聯構成になっているのは律詩である）。

④ この詩のような作品は中国語の訓練を積んだごく一部の知識人しか作ることができず、漢詩は日本人の創作活動の一つにはならなかった（平安時代にはさかんに漢詩が作られ「詩」といえば漢詩を意味した）。

⑤ この詩のような作品を詠むことができたのは、漢詩を日本独自の文学様式に変化させたからで、日本人は江戸時代末期から漢詩を作るようになった（奈良時代には日本最古の漢詩集『懐風藻《かいふうそう》』が編纂されている）。

⑥ この詩のように優れた作品を日本人が多く残しているのは、古くから日本人が漢詩文に親しみ、自らの教養の基礎としてきたからである。

正解は①⑥（正答率14・7％）。

正答率が極端に低いのは、詩の形式や「日本人は古来から漢詩に親しんでいた」という基本知識が身についていなかったからだろう。受験に即応した文法や語句ばかりではなく、国語便覧等も確認しておこう。

問6　複数の文章を読み比べる問題だが、内容さえ理解していれば難しくはない。

A群　①②は本文に書いてある通り。太公望と呼ばれるようになったのは、本文の四行目にある「吾太公望子久矣」からである。「吾太公」とは西伯の亡父を指すので、③の「西伯が望んだ人物だったから」が×となる。

B群　A群では呂尚を望んだ人物が誤りだったので、それに対応するのは⑤か⑥である。呂尚を望んだのは「吾太公」（西伯の亡父）なので⑤が正解となる。

正解は、A群が③、B群が⑤（正答率22・5％）。

現古漢すべてにおいて、複数の文章を読み比べる問題の正答率が低い。解き慣れていないことが大きいと思われるので、本番までに練習を積んでおこう。

問7　【文章Ⅰ】と【文章Ⅱ】の相違から判断する問題だが、設問に「佐藤一斎の漢詩からうかがえる太公望の説明」とあるので、漢詩から判断しよう。

【文章Ⅰ】と【文章Ⅱ】の違いは次の通りである。

【文章Ⅰ】困窮した呂尚（太公望）は釣りをきっかけに周の西伯と知り合い、周に赴いた。

【文章Ⅱ】太公望は不本意ながらも文王（西伯）に連れていかれて殷を討伐したが、本当は釣りを楽しんでいたかった。

これを頭において選択肢を見てみよう。

① 第一句「謬りて」は、文王のために十分に活躍することはできなかったという太公望の控えめな態度を表現している（口語訳にもあるように、不本意にも文王に連れて行かれたことを表している）。

② 第一句「謬りて」は、文王の補佐役になって殷を討伐した後の太公望のむなしさを表現している（詩には書かれていない）。

③ 第二句「心と違ふ」は、文王に見いだされなければ、このまま釣りをするだけの生活で終わってしまっていた（これは【文章Ⅰ】に書いてある内容。詩では釣りをすることが太公望の望みだったので、「心と違う」わけではない）という太公望の回想を表現している。

④　第二句「心と違ふ」は、殷の勢威に対抗するために文王の補佐役となったが、その後の待遇に対する太公望の不満を表現している（詩にも【文章Ⅰ】にも書かれていない）。

⑤　第四句「夢」は、本来は釣磯で釣りを楽しんでいたかったという太公望の望みを表現している。↓詩にある通り。

⑥　第四句「夢」は、文王の覇業が成就した今、かなうことなら故郷の磻渓の領主になりたいという太公望の願いを表現している（詩にも【文章Ⅰ】にも書かれていない）。

正解は⑤（正答率33・0％）。

設問にある「佐藤一斎の漢詩からうかがえる太公望の説明」という部分を読み落とさなければ容易に解けるだろう。

口語訳

呂尚は思うにかつて困窮して、年老いた。魚を釣ることで周の西伯の知遇を得ることを求めた。西伯は出かけて猟をしようとして、何が獲られるかを占った。（占いに）言うには「獲られるものは龍ではなく、彲ではなく、虎ではなく、羆でもなく、獲られるものは、覇王の補佐役である」と。そこで、周の西伯は狩猟をした。案の定、呂尚に渭水の北岸で出会った。ともに語って大いに喜んで言うには、「私の亡父の太公が言うには『聖人がいて、きっと周に赴くだろう。周はそれによって強国になるだろう』と。あなたはまさにその人ではないか。私の亡父の太公は長い間あなたを待ち望んでいた」と。そのため、呂尚を称して太公望という。（呂尚を車に）乗せてともに帰り、（呂尚を）擁立して師とした。

問題2

次の【文章Ⅰ】と【文章Ⅱ】は、いずれも「狙公《そこう》」（猿飼いの親方）と「狙《そ》」（猿）とのやりとりを描いたものである。【文章Ⅰ】と【文章Ⅱ】を読んで、後の問い（問1〜5）に答えよ。なお、設問の都合で返り点・送り仮名を省いたところがある。（配点50）

【文章Ⅰ】

猿飼いの親方が芧《とち》の実を分け与えるのに、「朝三つにして夕方四つにしよう、」といったところ、猿どもはみな怒った。「それでは朝四つにして夕方三つにしよう、」といったところ、猿どもはみな悦《よろこ》んだという。

（金谷《かなや》治《おさむ》訳注『荘子』による。）

【文章Ⅱ】

楚（注1）ニ A有リ二養ヒテレ狙《そ》ヲ以テ為スレ生ト者一。楚人謂フ二之ヲ狙《そ》公《こう》一ト。旦（注2）日必ズ部（注3）二-分シテ衆狙ヲ于庭一ニ、使老狙率以之山中、求草木之実。賦（注4）シテ什《じふ》ノ一ヲ以テ自（注5）ラ奉ズ。或イハ不レバレ給セ、則チ加フ二鞭箠（注6）《べんすい》ヲ一焉。群狙皆畏レテ苦シムモレ之ニ、弗《ざ》ル二敢ヘテ違《たが》ハ一也。一日、有リテ二小狙一謂ヒテ二

衆狙《ニ》一曰《ハク》、「B山之果、公所樹与。」曰《ハク》、「否《しからザル》也。天《ノ》生《ズル》也《ト》。」曰《ハク》、「非《ズンバ》レ公《ニ》不《ル》二得《テ》而取《ラ》一与《ト》。」曰《ハク》、「否《ザル》也。皆得《テ》而取《ル》也《ト》。」曰《ハク》、「然《ラバ》則《チ》吾何《ゾ》仮《リテ》二於彼《ニ》一而為《ス》二之《ガ》役《ヲ》一乎《ト》。」(2)言未《ダ》《ルニ》レ既《つキ》、衆狙皆寤《さム》。其《ノ》夕、相《ヒ》与《ニ》伺《ヒ》二狙公之寝《いヌルヲ》一、破《リ》レ柵《ヲ》毀《こぼチ》レ柙《をりヲ》、取《リ》二其《ノ》積一、相《ヒ》携《ヘテ》而入《リ》二于林中《ニ》一、不二復《タ》帰《ラ》一。狙公卒《つひニ》餒《うヱテ》而死《ス》。

C(注7)郁《いく》離《り》子《し》曰《ハク》、「世《ニ》有《ルハ》下以《テ》レ術《ヲ》使《ヒテ》レ民《ヲ》而無《キ》二道(注8)揆一者上、其《レ》如《キ》二狙公《ノ》一乎。惟其昏而未レ覚也。一旦有《ラバ》レ開《クコトヲ》レ之、其《ノ》術窮《セント》矣。」

（劉基《りゅうき》『郁離子』による。）

（注）
1　楚——古代中国の国名の一つ。
2　旦日——明け方。
3　部分——グループごとに分ける。
4　賦二什一一——十分の一を徴収する。
5　自奉——自らの暮らしをまかなう。
6　鞭箠——むち。
7　郁離子——著者劉基の自称。
8　道揆——道理にかなった決まり。

問1　傍線部(1)「生」・(2)「積」の意味として最も適当なものを、次の各群の①～⑤のうちから、それぞれ一つずつ選べ。

(1)「生」

①往生　②生計　③生成
④畜生　⑤発生

(2)「積」

①積極　②積年　③積分
④蓄積　⑤容積

問2　傍線部A「使老狙率以之山中、求草木之実」の返り点・送り仮名の付け方と書き下し文との組合せとして最も適当なものを、次の①～⑤のうちから一つ選べ。

①使《ム》下 老 狙《ヲシテ》 率《ヰテ》 以《テ》 之《キ》二 山 中《ニ》一、求《メ》中 草 木 之 実《ヲ》上
老狙をして率《ひき》ゐて以て山中に之《ゆ》き、草木の実を求めしむ

②使《ヒテ》二 老 狙《ヲ》一 率《ネ》 以《テ》 之《カシメ》二 山 中《ニ》一、求《ム》二 草 木 之 実《ヲ》一

老狙を使ひて率《おほむ》ね以て山中に之かしめ、草木の実を求む

③ 使メテ㆓老狙ヲシテ率ヘ㆒以テ之キ㆓山中ニ㆒、求ム㆓草木之実ヲ㆒

老狙をして率《とら》へしめて以て山中に之き、草木の実を求む

④ 使シ老狙率キテ以テ之カバ㆓山中ニ㆒、求ム㆓草木之実ヲ㆒

使《も》し老狙率《ひき》ゐて以て山中に之かば、草木の実を求む

⑤ 使ム㆘老狙ヲバ率ヘテ以テ之キ㆓山中ニ㆒、求メ㆗草木之実ヲ㆖

老狙をば率《とら》へて以て山中に之き、草木の実を求めしむ

問3　傍線部B「山之果、公所樹与」の書き下し文とその解釈との組合せとして最も適当なものを、次の①～⑤のうちから一つ選べ。

① 山の果は、公の樹《う》うる所か　山の木の実は、猿飼いの親方が植えたものか

② 山の果は、公の所の樹《き》か　山の木の実は、猿飼いの親方の土地の木に生《な》ったのか

③ 山の果は、公の樹《う》ゑて与ふる所か　山の木の実は、猿飼いの親方が植えて分け与えているものなのか

④ 山の果は、公の所に樹《う》うるか　山の木の実は、猿飼いの親方の土地に植えたものか

⑤ 山の果は、公の樹《う》うる所を与ふるか　山の木の実は、猿飼いの親方が植えたものを分け与えたのか

問４　傍線部Ｃ「惟其昏而未ㇾ覚也」の解釈として最も適当なものを、次の①～⑤のうちから一つ選べ。

① ただ民たちが疎くてこれまで気付かなかっただけである
② ただ民たちがそれまでのやり方に満足していただけである
③ ただ猿たちがそれまでのやり方に満足しなかっただけである
④ ただ猿飼いの親方がそれまでのやり方のままにしただけである
⑤ ただ猿飼いの親方が疎くて事態の変化にまだ気付いていなかっただけである

問５　次に掲げるのは、授業の中で【文章Ⅰ】と【文章Ⅱ】について話し合った生徒の会話である。これを読んで、後の(ⅰ)～(ⅲ)の問いに答えよ。

生徒Ａ　【文章Ⅰ】のエピソードは、有名な故事成語になっているね。
生徒Ｂ　それって何だったかな。［Ｘ］というような意味になるんだっけ。
生徒Ｃ　そうそう。もう一つの【文章Ⅱ】では、猿飼いの親方は散々な目に遭っているね。【文章Ⅰ】と【文章Ⅱ】とでは、何が違ったんだろう。
生徒Ａ　【文章Ⅰ】では、猿飼いの親方は言葉で猿を操っているね。

生徒Ｂ　【文章Ⅱ】では、猿飼いの親方はむちで猿を従わせているよ。
生徒Ｃ　【文章Ⅰ】では、猿飼いの親方の言葉に猿が丸め込まれてしまうけど……。
生徒Ａ　【文章Ⅱ】では、［Ｙ］が運命の分かれ目だよね。これで猿飼いの親方と猿との関係が変わってしまった。
生徒Ｂ　【文章Ⅱ】の最後で郁離子は、［Ｚ］と言っているよね。
生徒Ｃ　だからこそ、【文章Ⅱ】の猿飼いの親方は、「其の術窮せん。」ということになったわけか。

(ⅰ)［Ｘ］に入る有名な故事成語の意味として最も適当なものを、次の①～⑤のうちから一つ選べ。
① おおよそ同じだが細かな違いがあること
② 朝に命令を下し、その日の夕方になるとそれを改めること
③ 二つの物事がくい違って、話のつじつまが合わないこと
④ 朝に指摘された過ちを夕方には改めること
⑤ 内容を改めないで口先だけでごまかすこと

(ⅱ)［Ｙ］に入る最も適当なものを、次の①～⑤のうちから一つ選べ。
① 猿飼いの親方がむちを打って猿をおどすようになったこと

②猿飼いの親方が草木の実をすべて取るようになったこと
③小猿が猿たちに素朴な問いを投げかけたこと
④老猿が小猿に猿飼いの親方の素性を教えたこと
⑤老猿の指示で猿たちが林の中に逃げてしまったこと

(ⅲ) Z に入る最も適当なものを、次の①～⑤のうちから一つ選べ。
①世の中には「術」によって民を使うばかりで、「道揆」に合うかを考えない猿飼いの親方のような者がいる
②世の中には「術」をころころ変えて民を使い、「道揆」に沿わない猿飼いの親方のような者がいる
③世の中には「術」をめぐらせて民を使い、「道揆」を知らない民に反抗される猿飼いの親方のような者がいる
④世の中には「術」によって民を使おうとして、賞罰が「道揆」に合わない猿飼いの親方のような者がいる
⑤世の中には「術」で民をきびしく使い、民から「道揆」よりも多くをむさぼる猿飼いの親方のような者がいる

解説

問1

（1）狙公が猿を飼って「生を為す」とあるので、猿を養って生計を立てていたことを表す。

（2）猿たちが狙公に利用されていることを知り、柵を破り、檻を壊し、その「積」を奪った結果、狙公が飢え死にをするので、「積」は「蓄積（貯蔵した草木の実）」だと判断できる。

正解は（1）②（正答率74・0％）、（2）④（正答率65・9％）

これはさすがに簡単だったようだ。

問2

使役を表す「使」に「老狙」という名詞が続いているので、①か③のように「老狙ヲシテ〜シム」と読む。次に「使」が返読文字なので、どの字から返るかを文脈に従って考える。「使」は助動詞なので、下にある動詞「率」「之（ゆく）」「求」のどれかから返る。①ならば「求」から返しているので、「率」「之」を含み、「（狙公が）老いた猿に（仲間の猿たちを）引き連れて、山中に行かせ、草木の実を求めさせた」となる。

① 使　老　狙　率　以　之　山　中、求　草　木　之　実。

③なら「（狙公が）老狙に（何かを）捕えさせて、（狙公が）山中に行き、草木を求めた」となる。
山中に入って草木の実を獲ったのは猿たちなので、文意に合わない。

③ 使　老　狙　率　以　之　山　中、求　草　木　之　実。

「使」が複数の語にかかる場合は、最後の語から返るようにすればよい。

正解は①（正答率51・2％）。白文の読みはよく出題されるので、習熟しておこう。

問3

「所」が返読文字なので「樹うる所」と読む。これで①と⑤に絞れる。「与」は多様な読みや意味のある重要語（出る順重要語句6番参照）である。⑤は「与」を「与える」という動詞にしているが、「公樹所」という目的語が、動詞「与」の上にあるのはおかしい。「与」が文末にあるので、①のように疑問の助字と考える。

正解は①（正答率33・8％）。

問4

限定形を表す「惟」があるので「ただ〜のみ」と読むが、どの選択肢も限定形になっているので、これでは絞れない。そこで「未覚」に着目すると、「未」は再読文字なので「まだ覚めない（気づかない）」と解釈できる。これで①と⑤になるが、この部分は猿の話から一般論に変わっているので主語は「民たち」となる。

正解は①（正答率32・9％）。

漢文の多くは、最後の部分に一般論としてのテーマを述べていることを覚えておこう。

問5

（i）「朝三暮四」の意味は一般常識。目先の違いに気をとられて、実際は同じであるのに気がつかないこと、あるいは、うまい言葉や方法で人をだますことの意味で使われている。漢文の常識的な知識も身につけておく必要があるだろう。

正解は⑤（正答率51・4％）。

（ii）「運命の分かれ目」「猿飼いの親方と猿との関係が変わってしまった」とあり、その原因は、小猿が素朴な問いを投げかけたことである。

正解は③（正答率37・5％）。

（iii）Z に続く生徒Cの台詞には「だからこそ猿飼いの親方は『其の術窮せん（その方法は行き詰まるだろう）』ということになった」とある。「その方法」とは「道理にかなわない方法」のことなので、郁離子の台詞から「世の中で道理にかなわない方法で民を使うのは狙公と同じようなものである」という部分を抜き出せばよい。

① 世の中には「術」によって民を使うばかりで、「道揆」に合うかを考えない猿飼いの親方のような者がいる→「道揆に合うかを考えない」＝「道理にかなった決まりを持たない」だから、これが正解。

② 世の中には「術」をころころ変えて民を使い、（狙公はころころ術を変えていない）「道揆」に沿わない猿飼いの親方のような者がいる

③ 世の中には「術」をめぐらせて民を使い、「道揆」を知らない民に反抗される（道揆を知ったから反抗されるのである）猿飼いの親方のような者がいる

④ 世の中には「術」によって民を使おうとして、賞罰が「道揆」に合わない（賞罰の問題ではなく、道揆がないのである）猿飼いの親方のような者がいる

⑤ 世の中には「術」で民をきびしく使い、民から「道揆」よりも多くをむさぼる（道揆より多くむさぼったから反抗されたのではなく、道揆自体がないのである）猿飼いの親方のような者がいる

正解は①（正答率36・7％）。

複数の文章を比較しながら読む力は、現古漢のどれにおいても必須だ。本番までに多くの練習を積んでおこう。

〔訳〕楚に猿を飼って生計を立てている者がいた。楚の人はその者を狙公と言った。（狙公は）明け方、必ず猿たちを庭でグループごとに分けて、老いた猿に（他の猿を）山中に連れて行き、草木の実を求めさせた。十分の一を徴収して、自らの暮らしをまかなっていた。（草木の実が）足りない場合にはむちを加えた。猿たちは皆恐れて、それに苦しんだけれども、しいて背かなかった。ある日子猿がいて、猿たちに言うには「山の木の実は狙公が植えたものか」と、（多くの猿が）言うには「違う。自然に生じたものだ」と。（子猿が）言うには「狙公でなければ獲ることができないのか」と。（猿たちが）言うには「違う。誰でも獲ることができる」と。（子猿が）言うには「それならば我々はどうして彼に（木の実を）借りてこの役目をしているのか」と。言葉がまだ終わらないうちに猿たちは皆目覚めた。その夕方、ともに狙公が寝ているのを伺って、柵を破り、檻を壊して、その蓄えたものを奪い取って、互いに携えて林の中に入り決して戻って来なかった。狙公はついに飢えて死んだ。

郁離子が言うには「世の中には（小手先の）方策によって民を使い、道理にかなった決まりを持たない者がいるのは、狙公のような者であろうか。ただ民たちが疎くてこれまで気付かなかっただけである。いったんそれに気付いてしまえば、その方策は行き詰まるだろう」と。

これで漢文編は終わりだ。
解説の部分に書いたポイントを再度まとめておこう。

1、基本句形や頻出語句を知っていれば解ける問題が多いので、基礎をしっかりとマスターしておく。四字熟語や詩の形式等、漢文の基礎知識も重要だ。

2、複数の文章を読み比べて解く問題が必ず出されるので、練習を積んでおく。現古漢を問わずプレテストではこの種の問題の正答率が低いので、ここで差がつくと思われる。

以上だ。漢文編をマスターしたら、再度現代文編、古文編に戻り、何度も繰り返して学習してほしい。

おわりに

読者のみんなへ——

数ある共通テストの参考書の中から本書を選んでくれたことに、深く感謝する。

この三日間で少しは理解が進んだだろうか。共通テストはまだ実施されていないので、「こうなるだろう」という予測のもとに解法を述べてきたが、大きな外れはないと思う。巻末に文部科学省が出した問題作成方針を載せておくので、みんなも予想を立ててほしい。おそらく、プレテストと同じような問題になるだろう。

さて、本書で基礎を押さえたら、センター試験の過去問や模擬問題をどんどん解いていこう。解く量が増えるにつれて、理屈ではなく感覚として解法が身につくものだ。長いトンネルを抜けてパッと視界が開けるように、これまでわからなかった文章が読めるようになる。そうなれば本物だ。共通テストだけではなく、一般入試にも対応できるだろう。

国語の力はいったん身についたら一生消えることはない。文法や単語は忘れてしまっても、受験で培った力（読解力や語彙力、言語感覚）はこれからみんなを支えてくれるだろう。受験勉強は単に大学に合格するためというより、みんなの能力を高めるためにあるのだ。厳しいかもしれないが、受験という機会を使って自らを向上させてほしい。

最後に本番の注意事項を述べておく。

国語は80分で、論理的な文章・文学的な文章・古文・漢文と四種類の問題を解かなくてはならない。しかも、文章は複数あり、資料までついているので、時間を意識しないと、すべて解き終わることはできない。現代文に時間が取られてしまい、漢文まで手が回らないというのはセンター試験でもよくあったことだ。そのため、本番では解く順番と時間配分が重要になる。

一般に、解く順は「漢・古・現・現」あるいは「古・漢・現・現」がいいと言われる。得点源になる古・漢を先に済ませて、時間のかかる現代文を後に回すのだ。もちろん、人によって違うので、何度か試してみて自分に合った順を見つけてほしい。

時間配分については、四種類の問題に関して、それぞれ時間を決めておいた方がいい。たとえば、論理的な文章23分・文学的な文章17分・古文25分・漢文15分というように決めておき、時間がきたら次の問題に移るのだ。残した設問にこだわっていると、次の問題を解く時間がなくなってしまい、結果として総得点を落としてしまう。国語は総得点の勝負だから、できるだけ多くの問題に当たるようにしよう。

というわけで、本書はこれで終わりだ。様々なことを一気に述べたが、理解してもらえただろうか。

すべて覚えきれなくても、表にまとめた解法や古文・漢文の必須事項は完璧にマスターしてほしい。

共通テストや一般入試には「絶対に出る！」からね。

それでは、みんなの健闘を祈っている。

2020年8月　長尾誠夫

資料

最後に、文部科学省から出された「共通テスト問題作成方針」の国語に関する部分を抜粋しておく。どのような問題になるのか、みんなも考えてほしい。(一部、私の考えも加えてあります)

令和3年度大学入学者選抜に係る大学入学共通テスト問題作成方針

令和2年1月29日一部変更
令和2年6月30日一部変更

第1　問題作成の基本的な考え方

大学入学共通テスト(以下「共通テスト」という。)は，大学(専門職大学，短期大学，専門職短期大学を含む。以下同じ。)への入学志願者を対象に，高等学校(中等教育学校及び特別支援学校高等部を含む。以下同じ。)の段階における基礎的な学習の達成の程度を判定し，大学教育を受けるために必要な能力について把握することを目的としている。このことを踏まえ，共通テストの問題は，以下を基本的な考え方として作成する。

○大学入試センター試験における問題評価・改善の蓄積を生かしつつ，共通テストで問いたい力を明確にした問題作成

①これまで問題の評価・改善を重ねてきた大学入試センター試験における良問の蓄積を受け継ぎつつ，高等学校教育を通じて大学教育の入口段階までにどのような力を身に付けていることを求めるのかをより明確にしながら問題を作成する。

↓①の部分から、本書で述べた通り、センター試験と同じような問題が出題される。

○高等学校教育の成果として身に付けた，大学教育の基礎力となる知識・技能や②思考力，判断力，表現力を問う問題作成

平成21年告示高等学校学習指導要領（以下「高等学校学習指導要領」という。）において育成することを目指す資質・能力を踏まえ，③知識の理解の質を問う問題や，思考力，判断力，表現力を発揮して解くことが求められる問題を重視する。

また，問題作成のねらいとして問いたい力が，高等学校教育の指導のねらいとする力や大学教育の入口段階で共通に求められる力を踏まえたものとなるよう，出題教科・科目において問いたい思考力，判断力，表現力を明確にした上で問題を作成する。

→②の「思考力，判断力，表現力」という言葉が何度も出てくる。「はじめに」でも述べたように、この三つの力を試すために、複数の文章や資料を読ませる問題が出題される。
→③から表面的な知識ではなく、深い読解を求める問題が出されるだろう。

○「どのように学ぶか」を踏まえた問題の場面設定
高等学校における「主体的・対話的で深い学び」の実現に向けた授業改善のメッセージ性も考慮し，授業において生徒が学習する場面や，社会生活や日常生活の中から課題を発見し解決方法を構想する場面，資料やデータ等を基に考察する場面など，学習の過程を意識した問題の場面設定を重視する。
→この部分から、資料やデータ等の読み取り問題や会話文による問題が出題されるだろう。

(別添) 出題教科・科目の問題作成の方針

(1) 国語
言語を手掛かりとしながら，④文章から得られた情報を多面的・多角的な視点から解釈したり，⑤目的や場面等に応じて文章を書いたりすることなどを求める。近代以降の文章（論理的な文章，文学的な文章，

⑥実用的な文章），古典（古文，漢文）といった題材を対象とし，⑦言語活動の過程を重視する。問題の作成に当たっては，大問ごとに一つの題材で問題を作成するだけでなく，⑧異なる種類や分野の文章などを組み合わせた，複数の題材による問題を含めて検討する。

↓④⑧から、視点の異なる複数の文章を読んだり、資料を読み取ったりする問題が出題される。

↓記述式問題が見送りになったにもかかわらず、⑤⑥の文言を残していることから、実用性の高い文章（条文等）が問題に含まれる可能性が高い。また、⑤から見送りになった記述式問題のような設問を、選択形式で出す可能性も考えられる。

↓⑦から、表面的な理解だけではなく、推論や考察あるいは深い読解を求める問題が出題されると考えられる。

【著者略歴】

長尾誠夫（ながお・せいお）

愛媛県生まれ。東京学芸大学卒業。都立高校国語教師・ミステリ作家。

『源氏物語人殺し絵巻』で第４回サントリーミステリー大賞読者賞を受賞。

『早池峰山の異人』で第45回日本推理作家協会賞短編部門候補となる。

日本推理作家協会会員。

著書に『邪馬台国殺人考』（文藝春秋）『黄泉国の皇子』（祥伝社）『子規と漱石のプレイボール』（ぴあ）『中学受験　まんがで学ぶ！　国語がニガテな子のための読解力が身につく７つのコツ―説明文編』（ダイヤモンド社）『鬼譚　闇のホムンクルス』（朝日メディアインターナショナル）などがある。


３日間で完成！

共通テスト国語で確実に７割とる方法

2020年9月23日　第一刷

著　者　長尾誠夫
イラスト　ＴＡＫＡ
発行人　山田有司
発行所　株式会社　彩図社
東京都豊島区南大塚3-24-4
ＭＴビル　〒170-0005
TEL：03-5985-8213　FAX：03-5985-8224
印刷所　シナノ印刷株式会社

URL：https://www.saiz.co.jp
Twitter：https://twitter.com/saiz_sha

ISBN978-4-8013-0476-5　C7081
落丁・乱丁本は小社宛にお送りください。送料小社負担にて、お取り替えいたします。
定価はカバーに表示してあります。